GUIDE FÖR NYBÖRJARJURISTER
TOPPTIPS OCH ETIKETT

Upphovsrättsmeddelande

Alla rättigheter förbehållna. Ingen del av denna bok får reproduceras, distribueras eller överföras i någon form eller på något sätt, inklusive fotokopiering, inspelning eller andra elektroniska eller mekaniska metoder, utan föregående skriftligt tillstånd från utgivaren, förutom vad som är tillåtet enligt upphovsrättslagen.

Introduktion: Komma igång i den juridiska djungeln

Välkommen till juridikens vilda och underbara värld! Om du håller i den här boken har du sannolikt påbörjat en spännande resa in i advokatyrket, och låt mig säga dig att det är ett riktigt äventyr. Så, ta tag i din metaforiska machete, för vi är på väg att hacka oss igenom den täta skaran av juridisk teori, rättssalsdrama och klientrådgivning tillsammans.

Nu, innan du börjar föreställa dig själv som nästa Atticus Finch eller Alicia Florrick, låt oss få en sak klar: den juridiska djungeln är inte för svaga hjärtan. Det är en plats där reglerna är hala som ål och där varje fall presenterar en ny härva av törnen att navigera. Men frukta inte, orädd läsare! Med rätt verktyg, tänkesätt och en skvätt laglig chutzpah, kommer du att svänga från vinstockar och vinna argument som en rutinerad Tarzan (eller Jane) på nolltid.

I den här guiden kommer vi att vara dina pålitliga sherpas som guidar dig genom nybörjarjuristens förrädiska terräng. Från att avkoda kryptiska latinska fraser till att bemästra konsten att det perfekta avslutande argumentet, vi har dig täckt. Men innan vi dyker in i det snälla, låt oss ta en stund för att undersöka landskapet och få vår orientering.

Föreställ dig att du står vid kanten av en stor laglig savann, solen går upp vid horisonten och kastar sitt gyllene ljus över ett landskap prickat med höga advokatbyråer, livliga rättssalar och enstaka skumma juridiska kryphål. Det är en plats där orden är dina vapen, och varje fall är en strid om vettet.

Ta nu ett djupt andetag och känn förväntan strömma genom dina ådror. Det här är inte bara ett jobb; det är en kallelse – en chans att upprätthålla rättvisa, försvara de oskyldiga och kanske till och med göra lite historia på vägen. Men kom ihåg, med stor kraft kommer ett stort ansvar (tack, farbror Ben), så spänn fast dig och gör dig redo för ditt livs resa.

I de kommande kapitlen kommer vi att ta itu med allt från grunderna för juridisk forskning till de finare punkterna i rättssalsetiketten. Vi kommer att utforska detaljerna i klientkommunikation, gräva ner i juridisk etiks grumliga vatten och till och med doppa tårna i den spännande världen av internationell rätt. Men den här guiden handlar inte bara om att överleva i den juridiska djungeln; det handlar om att trivas. Det handlar om att finslipa dina färdigheter, hitta din röst och att bli den typen av advokat som skulle få Atticus själv att nicka gillande. Så ta din portfölj, vässa dina pennor och låt oss ge oss ut på detta storslagna juridiska äventyr tillsammans.

Är du redo att dyka in? Bra. Eftersom den juridiska djungeln inte väntar på någon, och det finns en hel värld av fall där ute som bara väntar på att bli erövrad. Så, skärpa greppet om den metaforiska machete, kära läsare, och låt oss hacka oss till juridisk ära!

Förstå din roll

Okej, låt oss hoppa in i köttet och potatisen för att vara advokat: förstå din roll. Det är en stor sådan, så sätt dig in och låt oss chatta.

Först till kvarn – att vara advokat är en mångfacetterad spelning. Det handlar inte bara om att känna till lagen; det handlar om att bära ett dussin olika hattar och veta när man ska byta dem. Ena minuten är du rådgivare, nästa är du forskare, och ibland är du till och med lite av en detektiv. Så låt oss bryta ner det här lite.

Som advokat är din primära roll att vara en advokat för din klient. Det betyder att du är deras röst, deras beskyddare och ibland deras förtrogna. Klienter kommer till dig för att de behöver någon som förstår rättssystemets labyrint och kan vägleda dem genom det. De kanske står inför brottsanklagelser, hanterar en rörig skilsmässa eller försöker få ihop ett affärsavtal. Oavsett deras situation, de söker dig för svar och stöd. Och det här handlar inte bara om att spruta ut juridisk jargong eller citera stadgar; det handlar om att verkligen lyssna på deras bekymmer, förstå deras behov och lägga en strategi för det bästa tillvägagångssättet.

Men opinionsbildning är inte där ditt jobb slutar – det är bara toppen av isberget. En stor del av din roll involverar forskning. Vi pratar om att gräva igenom rättspraxis, stadgar, juridiska tidskrifter och ibland även nyhetsartiklar för att hitta den där informationen som kan vända utvecklingen till din fördel. Det är noggrant arbete som ofta kräver långa timmar i biblioteket eller onlinedatabaser. Men det är avgörande eftersom lagen ständigt utvecklas, och att hålla sig uppdaterad kan vara skillnaden mellan att vinna och förlora ett mål.

Sedan är det skrivandet. Oh boy, gör dig redo att skriva mycket. Juridiskt skrivande är ett eget odjur. Du kommer att skriva utkast, motioner, plädering, kontrakt och PM, allt samtidigt som du följer en mycket specifik stil och struktur. Varje ord måste väljas noggrant eftersom tydlighet och precision är avgörande. Du skriver inte nästa stora amerikanska roman här; du skapar dokument som kan få verkliga, påtagliga konsekvenser för din klient.

Och låt oss inte glömma rättegångsframträdanden. Det är här glamouren av att vara advokat verkligen lyser - eller så tror folk. I verkligheten är att vara i domstol en blandning av spännande och nervkittlande. Oavsett om du framför ett argument för en domare, korsförhör ett vittne eller förhandlar fram en förlikning, är ditt mål att presentera ditt fall i bästa möjliga ljus. Detta kräver inte bara en djup förståelse av lagen utan också förmågan att tänka på fötterna. Domare kan kasta curveballs, motståndare kan vara aggressiva och vittnen kan vara oförutsägbara. Det är ditt jobb att förbli lugn, samlad och övertygande oavsett vad.

Utanför rättssalen spelar du även rollen som förhandlare. Många juridiska frågor avgörs utanför domstol, och detta kräver en annan kompetens. Förhandlingar handlar om att hitta en mellanväg, en lösning som tillfredsställer båda parter. Det handlar om att veta när man ska driva, när man ska medge och hur man ska rama in sina argument på ett sätt som gör uppgörelsen tilltalande för den andra sidan. Det är här dina folkkunskaper kommer in i bilden. Att kunna läsa rummet, förstå den andra partens motiv och kommunicera effektivt är nyckeln.

Sedan är det rådgivande rollen. Kunder kommer ofta till dig inte bara för omedelbara juridiska problem utan för råd om hur man kan undvika dem i framtiden. Detta kan innebära att ge råd till ett företag om regelefterlevnad, hjälpa en familj med fastighetsplanering eller ge råd till en ideell organisation i frågor som rör styrning. Här är du mer av en konsult som ger vägledning och strategier för att navigera i komplexa juridiska landskap.

Låt oss nu prata om etik eftersom det är en stor del av din roll. Som advokat är du bunden av en strikt etisk kod. Detta innebär att upprätthålla klientens konfidentialitet, undvika intressekonflikter och alltid agera i din klients bästa intresse. Ibland kan detta sätta dig i svåra ställen. Vad händer om din kund vill ligga på läktaren? Vad händer om du upptäcker en intressekonflikt halvvägs i ett ärende? Dessa situationer kräver en djup förståelse för etiska regler och modet att upprätthålla dem, även när det är svårt.

Och låt oss inte förbise rollen att vara en livslång lärande. Lagen är inte statisk; det är en levande, andande varelse som utvecklas med samhället. Nya lagar antas, gamla upphävs och avgörande domstolsbeslut kan förändra rättsliga prejudikat över en natt. För att vara en effektiv advokat måste du satsa på kontinuerligt lärande. Detta innebär att delta i juridiska seminarier, hålla koll på juridiska tidskrifter och ibland till och med gå tillbaka till skolan för ytterligare specialisering.

På tal om specialisering, låt oss beröra det. Det juridiska området är stort och ingen kan vara expert på alla områden. Tidigt i din karriär kommer du sannolikt att ägna dig åt en mängd olika juridiska områden för att se vad som passar dig bäst. Så småningom kan du specialisera dig på något specifikt som straffrätt, bolagsrätt, familjerätt eller immateriell egendom. Specialisering gör att du kan utveckla djupare expertis och bli en god resurs inom ditt valda område.

Och slutligen, låt oss inte glömma affärssidan av att vara advokat. Oavsett om du är i ett stort företag, ett litet partnerskap eller en solopraktik är det avgörande att förstå affärsaspekterna av att driva en juridisk verksamhet. Detta inkluderar kundhantering, fakturering, marknadsföring och till och med hantering av supportpersonal. En framgångsrik advokat utmärker sig inte bara på att utöva juridik utan också på att hantera sin verksamhet effektivt.

Sammanfattningsvis, att förstå din roll som advokat innebär att erkänna att du är en advokat, en forskare, en författare, en förhandlare, en rådgivare, en etisk väktare, en livslång lärande, en specialist och en affärsman i ett. Det är ett utmanande men otroligt givande yrke. Du kommer att få möjligheten att göra en verklig skillnad i människors liv, att kämpa för rättvisa och att ständigt lära dig och växa. Så omfamna din rolls mångfacetterade karaktär, var nyfiken och sluta aldrig sträva efter excellens. Välkommen till den juridiska djungeln – du kommer att göra det bra.

Juridisk utbildning Essentials

Att ge sig ut på en resa in i advokatyrket kräver en solid pedagogisk grund. Det här kapitlet är utformat för att ge dig en heltäckande översikt över de viktigaste delarna av juridisk utbildning, från de kurser du behöver ta till de färdigheter du behöver för att utveckla. Oavsett om du precis har börjat på juristutbildningen eller är mitt uppe i dina studier, kommer att förstå dessa väsentligheter hjälpa dig att navigera din utbildningsväg effektivt.

Först till kvarn – låt oss prata om grunderna i juridikskolan. De flesta juristskolor erbjuder ett treårigt Juris Doctor-program (JD), vilket är standardvägen till att bli en praktiserande advokat i många länder, inklusive USA. Det första året, vanligtvis kallat 1L, är vanligtvis det mest rigorösa. Det är när du lägger grunden för din juridiska utbildning genom att ta grundläggande kurser som kontrakt, skadestånd, civilprocess, straffrätt, egendom och juridiskt skrivande. Dessa ämnen utgör grunden för din juridiska kunskap och är avgörande för att förstå de mer komplexa rättsområdena du kommer att stöta på senare.

Låt oss fördjupa oss i några av dessa kärnämnen. Avtal, till exempel, lär dig om bildandet och verkställigheten av avtal, vilket är grundläggande för både person- och affärsjuridik. Skadestånd täcker civilrättsliga fel och skadestånd, och introducerar dig till begrepp som vårdslöshet och ansvar. Civilprocess handlar om de regler och processer som domstolar följer i civilrättsliga processer. Criminal Law, å andra sidan, fokuserar på brott och straffsystemet, vilket ger dig insikter i allt från stöld till mord. Fastighetsrätten behandlar äganderätt och rättigheter över mark och lös egendom. Slutligen, Juridisk skrivande är där du finslipar din förmåga att skriva briefer, PM och andra juridiska dokument - en viktig färdighet för alla advokater.

När du går vidare till ditt andra och tredje år (2L och 3L) blir läroplanen mer flexibel, vilket gör att du kan välja valfria ämnen baserat på dina intressen och karriärmål. Det är dags att börja fundera på specialisering. Dras du till bolagsrätt, miljörätt, familjerätt eller kanske immateriell egendom? Ditt val av valbara ämnen kan hjälpa dig att bygga upp expertis inom ditt föredragna område. Kurser som bevis, konstitutionell rätt och professionellt ansvar krävs också ofta och är avgörande för att forma din förståelse av juridiska procedurer och etiska standarder.

Nu ska vi prata om färdigheter. Utöver de teoretiska kunskaperna du får från kurser handlar juristutbildningen också om att utveckla en uppsättning praktiska färdigheter som kommer att tjäna dig under hela din karriär. Kritiskt tänkande är kärnan i juridisk analys. Du lär dig att dissekera fall, identifiera nyckelfrågor och tillämpa juridiska principer på olika scenarier. Analytiska resonemang går hand i hand med kritiskt tänkande, vilket gör att du kan utvärdera argument och bevis systematiskt.

Juridisk forskning är en annan hörnstensfärdighet. Att veta hur man effektivt kan hitta och tolka rättspraxis, stadgar och förordningar är grundläggande för att bygga starka juridiska argument. I dina juridiska forsknings- och skrivarkurser kommer du att bli skicklig på att använda juridiska databaser som Westlaw och LexisNexis, som är oumbärliga verktyg för alla praktiserande advokater.

Muntlig opinionsbildning är lika viktig. Oavsett om du diskuterar ett fall i domstol eller förhandlar om en förlikning är det avgörande att kunna kommunicera tydligt och övertygande. Skyddstävlingar, skenrättegångar och debattklubbar erbjuder utmärkta möjligheter att öva på dessa färdigheter i en simulerad miljö.

En aspekt av juridisk utbildning som ofta blir förbisedd är vikten av praktik och externutbildning. Dessa verkliga upplevelser är ovärderliga. De ger en praktisk förståelse för hur lagen tillämpas utanför klassrummet, erbjuder nätverksmöjligheter och hjälper ofta till att säkra anställning efter examen. Försök att säkra praktikplatser i en mängd olika miljöer – privata advokatbyråer, organisationer av allmänt intresse, statliga myndigheter – för att få en väl avrundad bild av det juridiska landskapet.

Laggranskning och tidskriftsmedlemskap är också mycket fördelaktigt. Att delta i dessa aktiviteter skärper dina forsknings- och skrivfärdigheter och förbättrar ditt CV. Arbetsgivare ser ofta positivt på kandidater som har bidragit till en juridisk tidskrift, eftersom den visar ett engagemang för stipendium och en förmåga att producera högkvalitativt juridiskt skrivande.

Låt oss inte glömma barförberedelserna. När du närmar dig slutet av din juristresa blir förberedelserna för advokatprovet avgörande. Advokatprovet är ett rigoröst test av dina juridiska kunskaper och färdigheter, och att klara det är viktigt för att bli en licensierad advokat. Många juridikskolor erbjuder barförberedande kurser, och det finns många kommersiella barrecensionsprogram som tillhandahåller omfattande studiematerial och övningsprov. Börja förbereda dig tidigt och dra nytta av alla tillgängliga resurser.

Nätverk är en annan viktig del av din juridiska utbildning. Att bygga relationer med professorer, klasskamrater och yrkesverksamma inom området kan öppna dörrar till jobbmöjligheter och ge mentorskap. Delta i juristutbildningsevenemang, gå med i studentorganisationer och överväg att gå med i professionella föreningar som American Bar Association eller lokala advokatsamfund.

Slutligen, underskatta inte vikten av att utveckla goda studievanor och förmåga att hantera tid. Juridikutbildning kan vara oerhört krävande, och att balansera kurser, praktikplatser och privatliv kräver noggrann planering och disciplin. Skapa ett studieschema, sätt upp realistiska mål och avsätt tid för egenvård för att undvika utbrändhet.

Sammanfattningsvis är juridisk utbildning en mångfacetterad resa som innebär att behärska kärnämnen, utveckla praktiska färdigheter, skaffa verkliga erfarenheter och bygga ett professionellt nätverk. Genom att förstå och anamma dessa väsentligheter kommer du att vara väl rustad att navigera i juristutbildningen och lägga en solid grund för en framgångsrik juridisk karriär. Kom ihåg att juristutbildningen inte bara handlar om att skaffa sig kunskap; det handlar om att bli en väl avrundad, etisk och effektiv förespråkare för rättvisa. Så, dyk in med entusiasm, håll dig nyfiken och fortsätt pressa dig själv att lära och växa. Juristkåren väntar på dig, och med rätt förberedelser är du redo att sätta din prägel.

Navigerar framgångsrikt i Law School

Okej, låt oss prata om odjuret som är juridik och hur man kan erövra det som ett erfaret proffs. Oavsett om du precis har börjat din resa eller om du redan är knädjupt i rättspraxis, kräver en framgångsrik juridikutbildning en kombination av strategi, uthållighet och en skvätt förstånd. Så, ta dina highlighters och låt oss dyka in.

Först till kvarn – låt oss ta upp elefanten i rummet: juristutbildningen är tuff. Riktigt tufft liksom. Arbetsbelastningen är intensiv, konkurrensen kan vara hård och insatserna är höga. Men frukta inte, kära läsare, för med rätt tänkesätt och tillvägagångssätt kan du inte bara överleva utan trivas i juristutbildningen.

Så, vad är den hemliga såsen? Tja, det börjar med tidshantering. Allvarligt talat, om det är en färdighet du behöver behärska i juridik, så är det tidshantering. Mellan läsuppgifter, skriva papper, gå på lektioner och fritidsaktiviteter kommer ditt schema att vara tätare än en sardinburk. Nyckeln är att prioritera hänsynslöst. Ta reda på vad som absolut måste göras varje dag, varje vecka och varje månad, och fokusera din energi där. Och glöm inte att schemalägga lite driftstopp också – utbrändhet är verklig, gott folk.

Nästa upp, låt oss prata om läsning. Oh boy, gör dig redo att läsa - mycket. Law School är som en aldrig sinande bokklubb från helvetet. Du kommer att tilldelas hundratals sidor med tät juridisk text varje vecka, och det är upp till dig att smälta allt. Men frukta inte, för det finns några knep för att hjälpa dig erövra läsviljan. Först, lär dig att skumma effektivt. Inte varje ord i dessa fall är avgörande, så träna din hjärna att identifiera nyckelpunkterna och gå vidare. För det andra, överväg att bilda en studiegrupp. Att läsa fall med klasskamrater kan hjälpa dig att hålla dig ansvarig och få nya perspektiv på komplexa juridiska frågor.

Nu ska vi prata om klass. Ja, du måste faktiskt gå i klassen i juridik. Chockerande, jag vet. Men seriöst, att gå på föreläsningar och delta i diskussioner är avgörande för att förstå materialet och bygga relationer med professorer. Dessutom gillar vissa professorer att ge tips om vad som kan dyka upp på provet, så var uppmärksam!

På tal om prov, låt oss ta upp den fruktade frågan om juristexamen. De är som en övergångsrit, men det betyder inte att de måste vara skrämmande. Nyckeln till framgång i tentamen är förberedelser. Börja studera tidigt, beskriv dina anteckningar och öva, öva, öva. Och glöm inte övningsproven – de är din bästa vän. Ju mer bekant du är med formatet och stilen på juristexamen, desto bättre rustad kommer du att vara för att klara dem.

Nu ska vi prata om extrakurser. Ja, du har tid för extracurriculars i juristutbildningen - lita på mig. Oavsett om det är att gå med i en studentorganisation, delta i rättegången eller skriva för laggranskningen, kan engagera dig utanför klassrummet berika din erfarenhet från juristutbildningen och förstärka ditt CV. Se bara till att inte överdriva – kom ihåg, tidshantering!

Låt oss inte glömma egenvården. Jag vet, jag vet, det låter klyschigt, men det är avgörande. Juristutbildning kan vara mentalt och känslomässigt dränerande, så det är viktigt att ta hand om sig själv. Träna regelbundet, ät bra, få tillräckligt med sömn och var inte rädd för att söka stöd om du behöver det. Oavsett om det är att prata med en vän, en familjemedlem eller en psykiatrisk specialist, är det okej att be om hjälp.

Och sist men inte minst, låt oss prata om nätverkande. Att bygga relationer med klasskamrater, professorer och jurister kan öppna dörrar till jobbmöjligheter och mentorskap. Delta i nätverksevenemang, gå med i studentorganisationer och dra nytta av alla alumninätverk som din skola erbjuder. Du vet aldrig vem du kan träffa eller vilka möjligheter som kan dyka upp.

Sammanfattningsvis handlar allt att framgångsrikt navigera i juristutbildningen om balans, tidshantering, förberedelser och egenvård. Det är ett maraton, inte en sprint, så tempo dig själv och var inte för hård mot dig själv om du snubblar på vägen. Kom ihåg att du inte är ensam – dina klasskamrater, professorer och supportnätverk är alla förutsatta för din framgång. Så håll ditt öga på priset, håll dig fokuserad, och innan du vet ordet av kommer du att korsa det stadiet med din juristexamen i handen. Du har det här!

Säkra ditt första jobb: Navigera på den juridiska arbetsmarknaden

Okej, låt oss dyka in i den spännande världen att säkra ditt första jobb som en ny advokat. Oavsett om du är på väg att ta examen från juristutbildningen eller om du redan är nyutexaminerad som vill få din första spelning, kan den lagliga arbetsmarknaden verka som en skrämmande labyrint. Men frukta inte, för med rätt tillvägagångssätt, lite uthållighet och lite tur kan du hitta det perfekta tillfället att kickstarta din juridiska karriär.

Först till kvarn – låt oss prata strategi. Att säkra ditt första jobb kräver ett mångfacetterat tillvägagångssätt som kombinerar nätverk, ansökningar om positioner och visa upp dina kunskaper och erfarenheter. Det räcker inte att bara luta sig tillbaka och vänta på att tillfällen ska komma till dig; du måste vara proaktiv och strategisk i ditt jobbsökande.

Nätverk är nyckeln. Jag kan inte betona detta nog. Att bygga relationer med advokater, alumner, professorer och andra jurister kan öppna dörrar till jobbmöjligheter som du kanske inte ens visste fanns. Delta i juridiska evenemang, gå med i professionella föreningar och nå ut till personer inom ditt önskade område för informativa intervjuer. Var inte rädd för att lägga ut dig själv och knyta kontakter – trots allt vet du aldrig vem som kan ha ledningen på ditt drömjobb.

Nästa upp, låt oss prata meritförteckningar och personliga brev. Ditt CV är ditt första intryck på potentiella arbetsgivare, så det är viktigt att få det att räknas. Skräddarsy ditt CV för varje jobb du ansöker om, och lyft fram relevanta färdigheter, erfarenheter och prestationer. Och glöm inte ditt personliga brev – det är din chans att berätta din historia och förklara varför du passar perfekt för tjänsten. Håll det kortfattat, professionellt och felfritt, och se till att anpassa det för varje applikation.

Nu ska vi prata om jobbbrädor. Även om nätverkande är ovärderligt, kan jobbbrädor också vara ett värdefullt verktyg i din jobbsökarsenal.

Webbplatser som Indeed, LinkedIn och Lawjobs.com har ofta listor för juridiska positioner på nybörjarnivå. Ställ in jobbvarningar, bläddra regelbundet i listor och var inte rädd för att kasta ett brett nät. Du vet aldrig var din nästa möjlighet kommer ifrån.

Juridiska rekryterare kan också vara en värdefull resurs. Dessa yrkesmän är specialiserade på att matcha kandidater med lediga jobb på advokatbyråer, juridiska avdelningar, statliga myndigheter och andra juridiska organisationer. Nå ut till juridiska rekryterare i ditt område, skicka in ditt CV och låt dem veta vad du letar efter i ett jobb. De kan hjälpa dig att få möjligheter som passar dina färdigheter och karriärmål.

En annan väg att utforska är praktik och externships. Dessa kortsiktiga positioner kan ge värdefull praktisk erfarenhet, hjälpa dig att bygga ditt CV och potentiellt leda till heltidsanställning på vägen. Kontakta advokatbyråer, statliga myndigheter och ideella organisationer i ditt område för att fråga om praktikmöjligheter. Även om de inte har några öppningar listade skadar det aldrig att fråga.

Låt oss nu prata om intervjuförberedelser. Att landa en intervju är halva striden, så det är viktigt att göra ett starkt intryck när du får chansen. Undersök företaget eller organisationen i förväg, öva på dina svar på vanliga intervjufrågor och var beredd att diskutera dina kvalifikationer och erfarenheter i detalj. Klä dig professionellt, kom i tid och ta med kopior av ditt CV och andra relevanta dokument. Och glöm inte att skicka ett tackbrev efter intervjun – det är en enkel gest som kan räcka långt.

En aspekt av jobbsökande som ofta förbises är vikten av att bygga en onlinenärvaro. I dagens digitala tidsålder undersöker arbetsgivare ofta kandidater online innan de fattar anställningsbeslut. Se till att din LinkedIn-profil är uppdaterad och professionell, och överväg att skapa en personlig webbplats eller blogg för att visa upp ditt arbete och dina prestationer. Håll dina sociala medieprofiler rena och professionella och var uppmärksam på vad du lägger upp online – det kan komma tillbaka och förfölja dig.

Till sist, låt oss prata om uthållighet. Den lagliga arbetsmarknaden kan vara konkurrenskraftig och avslag är par för kursen. Bli inte avskräckt om du inte får ditt drömjobb direkt. Fortsätt nätverka, fortsätt ansöka och fortsätt finslipa dina kunskaper. Ditt första jobb kanske inte är ditt drömjobb, men det är en språngbräda till större och bättre möjligheter på vägen.

Sammanfattningsvis, för att säkra ditt första jobb som advokat krävs ett proaktivt, strategiskt förhållningssätt som kombinerar nätverkande, att söka tjänster och visa upp dina kunskaper och erfarenheter. Genom att utnyttja ditt professionella nätverk, anpassa ditt ansökningsmaterial, utforska olika vägar för jobbsökning och förbereda dig noggrant för intervjuer, kan du öka dina chanser att få det eftertraktade första jobbet. Kom ihåg att Rom byggdes inte på en dag, och det är inte heller en framgångsrik juridisk karriär. Så håll dig fokuserad, håll dig uthållig, och innan du vet ordet av är du på god väg att nå dina karriärmål. Lycka till!

Förbereder dig för intervjuer: Ta dig till ditt drömjobb

Okej, spänn fast dig för vi dyker in i det knasiga med intervjuförberedelser. Oavsett om du siktar på ditt första juridiska jobb eller siktar på att nå en nivå i din karriär, är det avgörande att klara intervjun. Så låt oss kavla upp ärmarna och göra dig redo att blända de anställningsansvariga.

Först till kvarn — forskning, forskning, forskning. Jag kan inte betona detta nog. Innan du ens tänker på att trampa foten i det där intervjurummet måste du veta allt som finns att veta om företaget eller organisationen du intervjuar med. Vilken typ av lag tillämpar de? Vilka är deras kärnvärden? Vilka är deras nyckelkunder eller partners? Ju mer du vet, desto bättre rustad kommer du att vara för att skräddarsy dina svar och visa din entusiasm för rollen.

Låt oss härnäst prata om de klassiska intervjufrågorna. Du vet de jag pratar om – berätta om dig själv, vilka är dina styrkor och svagheter, varför vill du jobba här, etc. Dessa frågor kan tyckas enkla, men det är ofta de som gör folk upprörda. Nyckeln är att öva på dina svar i förväg så att du kan svara säkert och koncist. Och glöm inte att strö in några specifika exempel från dina tidigare erfarenheter för att backa upp dina påståenden.

Nu ska vi prata om kurvbollarna. Varje intervju har dem – de oväntade frågorna som fångar dig på lur och får dig att leta efter ett svar. Nyckeln till att hantera dessa frågor är att vara lugn, tänka på fötterna och vara ärlig. Om du inte vet svaret är det okej att säga det. Se bara till att följa upp med ett genomtänkt svar eller ett exempel på hur du skulle närma dig att hitta svaret.

En aspekt av intervjuförberedelser som ofta förbises är vikten av att öva din elevator pitch. Det här är din chans att kortfattat sammanfatta vem du är, vad du gör och varför du passar perfekt för jobbet – allt under den tid det tar att åka hiss. Det är ett värdefullt verktyg för nätverksevenemang, karriärmässor och - du gissade rätt - anställningsintervjuer. Så, putsa upp din elevatorpitch och var redo att leverera den med tillförsikt.

Nu ska vi prata om klädsel. Ja, utseende har betydelse, särskilt inom advokatkåren. Att klä sig professionellt visar respekt för intervjuprocessen och visar din förståelse för branschens normer och förväntningar. När du är osäker ska du vara försiktig och välja konservativ klädsel. En välsittande kostym, polerade skor och minimala tillbehör är din bästa insats.

Nästa steg, låt oss prata logistik. Se till att du känner till logistiken för intervjun – var den hålls, vem du träffar och hur du tar dig dit. Kom tidigt, men inte för tidigt (tio till femton minuter är det bästa stället), och ta med kopior av ditt CV och andra relevanta dokument. Och glöm inte att tysta din telefon – du vill inte att den ska ringa mitt under din intervju!

Nu ska vi prata kroppsspråk. Icke-verbala signaler kan tala mycket i en intervju, så det är viktigt att vara uppmärksam på ditt kroppsspråk. Behåll ögonkontakt, sitt rakt upp och undvik att vibrera eller korsa armarna. Ett fast handslag och ett äkta leende kan göra ett bra intryck.

Sist men inte minst, låt oss prata uppföljning. Efter intervjun, se till att skicka ett tackbrev till dina intervjuare där du uttrycker din tacksamhet för möjligheten och upprepar ditt intresse för tjänsten. Det är en enkel gest som kan lämna ett bestående intryck och skilja dig från andra kandidater.

Sammanfattningsvis handlar förberedelser inför intervjuer om forskning, praktik och självförtroende. Genom att noggrant undersöka företaget, öva på dina svar på vanliga intervjufrågor och vara uppmärksam på ditt utseende och ditt kroppsspråk kan du öka dina chanser att lyckas och få det där drömjobbet. Så fortsätt – lägg ner arbetet, visa dem vad du är gjord av och låt din juridiska skicklighet lysa. Lycka till!

Introduktion och orientering: Navigera dina första dagar i den juridiska världen

Grattis! Du har fått ditt första jobb inom det juridiska området, och nu är det dags att ge dig ut på din onboarding- och orienteringsresa. Det här är din chans att bekanta dig med din nya arbetsplats, träffa dina kollegor och lära dig linorna i din nya roll. Så låt oss dyka in och se till att du kommer igång.

Först till kvarn – låt oss prata logistik. Din första dag på jobbet kan vara överväldigande, så det är viktigt att veta vad du kan förvänta dig. Se till att du har alla nödvändiga papper ifyllda och all nödvändig dokumentation (som identifiering och bankinformation) till hands. Bekanta dig med klädkoden, kontorstiderna och alla andra policyer eller procedurer du måste följa.

Nästa upp, låt oss prata introduktioner. Du kommer sannolikt att träffa många nya ansikten den första dagen, så det är viktigt att göra ett gott intryck. Le, få ögonkontakt och ge ett fast handslag när du träffar dina kollegor. Kom ihåg deras namn och var inte rädd för att ställa frågor eller inleda en konversation – det är ett bra sätt att bryta isen och börja bygga relationer.

Låt oss nu prata om att komma tillrätta. Din HR-avdelning kommer sannolikt att ha ett omfattande introduktionsprogram på plats för att hjälpa dig att vänja dig vid din nya roll och organisationen som helhet. Detta kan innefatta orienteringssessioner, utbildningsprogram och introduktioner till nyckelpersoner. Dra nytta av dessa resurser – de är utformade för att göra dig redo för framgång i din nya position.

Under din introduktionsprocess vill du också bekanta dig med de verktyg och system du kommer att använda på en daglig basis. Detta kan innefatta program, databaser och kommunikationsverktyg. Var inte rädd för att be om hjälp om du behöver det – dina kollegor finns där för att stödja dig när du lär dig repen.

Låt oss härnäst prata om att sätta förväntningar. Din chef kommer sannolikt att sitta ner med dig under din första vecka för att diskutera din roll, ditt ansvar och dina mål. Det här är din chans att ställa frågor, klargöra förväntningar och få en känsla av hur framgång ser ut i din nya position. Var öppen och mottaglig för feedback, och tveka inte att kommunicera eventuella problem eller utmaningar du kan ställas inför.

Låt oss nu prata om att integrera i laget. Att bygga relationer med dina kollegor är avgörande för din framgång i din nya roll. Ta dig tid att lära känna dina lagkamrater, både professionellt och personligt. Erbjud dig att hjälpa till där du kan och var proaktiv i att söka efter möjligheter att samarbeta och bidra till teamprojekt.

Glöm inte att ta hand om dig själv när du kommer in i din nya roll. Att gå över till ett nytt jobb kan vara stressigt, så det är viktigt att prioritera egenvård under denna tid. Ta dig tid för träning, avkoppling och aktiviteter som ger dig glädje utanför jobbet. Och var inte rädd för att luta dig mot ditt supportnätverk för vägledning och uppmuntran när du navigerar i det här nya kapitlet i din karriär.

Sammanfattningsvis, onboarding och orientering är avgörande steg på din resa som nyanställd inom den juridiska världen. Genom att bekanta dig med din nya arbetsplats, bygga relationer med dina kollegor och sätta tydliga förväntningar på din roll, kan du komma igång och göra dig redo för framgång i din nya position. Så omfamna möjligheten att lära och växa, och gör dig redo att sätta din prägel i den juridiska världen!

Tidshantering och organisation: Bemästra det juridiska kaoset

Välkommen till den kaotiska världen av juridisk praxis, där deadlines skymtar som stormmoln och tid alltid är avgörande. I den här snabba miljön är det inte bara en färdighet att bemästra tidshantering och organisation, det är en överlevnadstaktik. Så ta tag i din kalender och din att göra-lista, för vi dyker in i konsten att bråka kaos och gå ut som segrare.

Låt oss börja med grunderna – tidshantering. I den juridiska världen är tid din mest värdefulla resurs, och hur du allokerar den kan göra eller bryta din framgång. Nyckeln är att prioritera hänsynslöst. Börja varje dag med att identifiera dina viktigaste uppgifter och ta itu med dem först. Oavsett om det gäller att utarbeta en brief, genomföra research eller träffa en kund, fokusera din energi på de uppgifter som kommer att ha störst inverkan på ditt arbete.

Nästa upp, låt oss prata om att sätta upp mål. Att ha tydliga, handlingsbara mål är avgörande för att hålla fokus och motivera inom advokatbranschen. Oavsett om det är att landa en ny klient, vinna ett ärende eller bemästra ett nytt rättsområde, sätt upp specifika, mätbara mål som ligger i linje med dina långsiktiga mål. Dela upp dem i mindre, hanterbara uppgifter och följ dina framsteg längs vägen.

Nu ska vi prata om planering. En genomtänkt plan kan betyda skillnaden mellan smidig segling och att krascha på klipporna. Ta dig tid att kartlägga din dag, vecka och månad, identifiera deadlines, möten och andra åtaganden. Använd verktyg som kalendrar, att göra-listor och projekthanteringsprogram för att hålla dig organiserad och på rätt spår. Och glöm inte att bygga in bufferttid för oväntade förseningar eller nödsituationer – det är bättre att överskatta än att underskatta.

En aspekt av tidshantering som ofta förbises är vikten av att sätta gränser. I ett yrke där arbetsnarkoman praktiskt taget är ett hedersmärke är det lätt att falla i fällan att jobba dygnet runt. Men utbrändhet är en verklig fara, och det är viktigt att prioritera sitt fysiska och psykiska välbefinnande. Sätt gränser för dina arbetstider, ta regelbundna pauser och avsätt tid för aktiviteter utanför jobbet som laddar batterierna.

Låt oss prata om delegering. Som advokat förväntas du inte göra allt själv. Lär dig att delegera uppgifter till supportpersonal, juniora medarbetare eller till och med teknik när det är lämpligt. Delegering frigör inte bara din tid för att fokusera på arbete med högre värde utan hjälper också till att utveckla dina teammedlemmars färdigheter och förmågor.

Låt oss nu prata om att hålla ordning. I ett yrke där pappersspår är kung, är det viktigt att hålla ordning på dina filer, dokument och anteckningar. Utveckla ett system för att organisera dina digitala och fysiska filer, oavsett om det är efter fall, klient eller ämne. Använd etiketter, mappar och färgkodning för att hålla allt snyggt och snyggt och se till att ditt system är lättillgängligt och skalbart när din arbetsbörda växer.

På tal om organisation, låt oss prata om e-posthantering. I den juridiska världen är e-post det primära kommunikationssättet, och det är lätt för din inkorg att bli en bottenlös avgrund av olästa meddelanden. Utveckla ett system för att hantera din e-post, oavsett om det är att använda mappar, etiketter eller filter för att prioritera och kategorisera inkommande meddelanden. Avsätt tid varje dag för att bearbeta dina e-postmeddelanden och motstå lusten att ständigt kontrollera din inkorg – det är en produktivitetsmördare.

Nu ska vi prata om att säga nej. Som advokat kommer du ofta att dras åt en miljon olika riktningar, med konkurrerande krav på din tid och uppmärksamhet. Att lära sig säga nej - artigt men bestämt - är en viktig färdighet för att skydda din tid och energi. Utvärdera varje begäran som kommer i din väg och var selektiv med var du väljer att investera dina resurser.

Låt oss prata om ständig förbättring. Juristkåren utvecklas ständigt, och att ligga före kurvan kräver ett engagemang för livslångt lärande och utveckling. Ta dig tid för professionella utvecklingsaktiviteter, oavsett om det är att delta i seminarier, ta onlinekurser eller läsa juridiska tidskrifter. Investera i dig själv och dina färdigheter, så kommer du att skörda frukterna i din karriär.

Sist men inte minst, låt oss prata om reflektion. Ta dig tid att regelbundet reflektera över din tidshantering och organisatoriska praxis, identifiera vad som fungerar bra och vad som kan förbättras. Var ärlig mot dig själv om var du kommer till korta och var proaktiv när det gäller att göra ändringar för att åtgärda eventuella svagheter. Kontinuerliga förbättringar är en resa, inte en destination, och att vara vaksam är nyckeln till att upprätthålla toppprestanda.

Sammanfattningsvis är det viktigt att behärska tidshantering och organisation för att lyckas inom advokatyrket. Genom att prioritera hänsynslöst, sätta tydliga mål, planera strategiskt och hålla dig organiserad kan du navigera i kaoset av juridisk praxis med tillförsikt och lätthet. Så omfamna kaoset, skärpa dina organisatoriska färdigheter och gör dig redo att erövra den juridiska världen!

Juridisk forskning och skrivande: Släpp lös kraften i övertalning

Välkommen till advokatkårens bröd och smör: juridisk forskning och skrivande. I den juridiska världen är pennan verkligen mäktigare än svärdet, och att behärska konsten att juridisk forskning och skrivande är avgörande för framgång. Så ta din överstrykningspenna och din pålitliga juridiska ordbok, för vi dyker in i världen av rättspraxis, stadgar och övertygande prosa.

Låt oss börja med juridisk forskning. I sin kärna handlar juridisk forskning om att hitta nålen i höstacken – rättspraxis, stadgar, förordningar och andra juridiska källor som kommer att stödja ditt argument eller stärka din position. Oavsett om du utarbetar en brief, förbereder för rättegång eller ger råd till en klient, är det viktigt att ha en stark grund av juridiska forskningskunskaper.

Så, var börjar du? Tja, allt börjar med att förstå den juridiska frågan. Vilka är de viktigaste fakta i fallet? Vilka är de relevanta juridiska principerna och doktrinerna? När du väl har en klar förståelse för problemet är det dags att börja läsa böckerna – eller, mer troligt, onlinedatabaserna.

Juridisk forskning kan vara lite som detektivarbete, som kräver att du söker igenom rättspraxis, stadgar och sekundära källor för att hitta relevanta myndigheter och övertygande argument. Börja med primära källor som rättspraxis och stadgar, använd nyckelord och booleska operatorer för att begränsa din sökning och hitta relevant auktoritet. Fördjupa dig sedan i sekundära källor som juridiska uppslagsverk, avhandlingar och laggranskningsartiklar för att fördjupa din förståelse av problemet och identifiera ytterligare auktoriteter.

När du utför din forskning, se till att utvärdera auktoriteten och relevansen av de källor du hittar. Alla fall skapas inte lika, och det är viktigt att prioritera de som är bindande för den domstol du ställer inför eller som har ett övertygande värde i din jurisdiktion. Leta efter ärenden med liknande fakta eller rättsliga frågor som dina och var uppmärksam på hur domstolar har tolkat och tillämpat lagen i liknande situationer.

Nu ska vi prata om juridiskt skrivande. Juridisk skrift är ett unikt odjur som kräver precision, tydlighet och övertygande kraft. Oavsett om du utarbetar en brief, ett memorandum eller ett kontrakt, är målet detsamma: att presentera dina argument på ett logiskt, övertygande sätt som övertygar din publik om att din position är riktig.

Nyckeln till effektiv juridisk skrivning är organisation. Ditt skrivande bör följa en tydlig, logisk struktur som vägleder läsaren genom ditt argument steg för steg. Börja med en stark introduktion som sätter scenen för ditt argument och förhandsgranskar de frågor du kommer att diskutera. Gå sedan vidare till huvuddelen av ditt skrivande, där du kommer att presentera dina argument och stödjande bevis på ett sammanhängande, organiserat sätt. Slutligen, avsluta med en kortfattad sammanfattning av ditt argument och en uppmaning till handling.

Men organisationen är bara början. Juridisk skrivning kräver också precision och uppmärksamhet på detaljer. Varje ord är viktigt, så välj ditt språk noggrant och tänk på juridisk terminologi och konventioner. Använd citat för att stödja dina argument och underbygga dina påståenden, och följ formateringen och citatstilen som krävs av din jurisdiktion eller domstol.

Övertalning är namnet på spelet inom juridiskt skrivande, och att bemästra konsten att övertala kräver en djup förståelse för din publik och deras motivation. Sätt dig själv i domarens, juryns eller den motsatta advokatens skor och skräddarsy ditt skrivande för att tilltala deras bekymmer och intressen. Förutse motargument och ta itu med dem direkt, med hjälp av logik, bevis och retoriska strategier för att stärka din position.

Och glöm inte redigering och korrekturläsning. Juridisk skrivning är ökänd för sin komplexitet och täthet, så det är viktigt att noggrant granska och revidera ditt arbete för att säkerställa tydlighet och noggrannhet. Leta efter grammatiska fel, stavfel och inkonsekvenser och se till att ditt skrivande är polerat och professionellt innan du skickar in det.

Sammanfattningsvis är juridisk forskning och skrivande nödvändiga färdigheter för framgång i advokatyrket. Genom att behärska den juridiska forskningens konst kan du hitta de auktoriteter och argument du behöver för att stödja din sak. Och genom att finslipa dina juridiska skrivfärdigheter kan du skapa övertygande, övertygande argument som vinner dagen i domstolen. Så, anamma utmaningen, vässa dina pennor och gör dig redo att släppa lös övertalningskraften på den juridiska arenan.

Kundkommunikation: Navigera i konsten att effektiv dialog

Välkommen till frontlinjen på det juridiska slagfältet – klientkommunikation. Inom advokatyrket är effektiv kommunikation med klienter inte bara en färdighet, det är en konstform. Så ta tag i ditt anteckningsblock och dina lyssnande öron, för vi dyker in i en värld av kundrelationer, empati och tydlig kommunikation.

Låt oss börja med grunderna – bygga relationer. Att etablera förtroende och relation med dina kunder är grunden för effektiv kommunikation. Ta dig tid att lära känna dina kunder som individer – lär dig deras namn, deras berättelser och deras bekymmer. Visa genuint intresse för deras ärende och deras välbefinnande och låt dem veta att du är på deras sida varje steg på vägen.

Låt oss nu prata om aktivt lyssnande. Effektiv kommunikation börjar med att lyssna, och jag menar verkligen att lyssna. När dina kunder talar, ge dem din fulla uppmärksamhet – lägg undan telefonen, stäng din bärbara dator och få ögonkontakt. Ställ öppna frågor för att uppmuntra dem att dela sina tankar och känslor, och var inte rädd för att pausa och reflektera över vad de har sagt innan de svarar. Kom ihåg att det inte bara handlar om att höra deras ord, det handlar om att förstå deras perspektiv och deras behov.

Låt oss härnäst prata om transparens. Transparens är nyckeln till att bygga förtroende hos dina kunder. Var uppriktig och ärlig om styrkorna och svagheterna i deras fall, de potentiella riskerna och belöningarna och de troliga resultaten. Undvik juridisk jargong och komplex terminologi – förklara saker på ett enkelt språk som dina kunder kan förstå. Och tveka inte att be om ett förtydligande om de verkar förvirrade eller osäkra.

Nu ska vi prata om att sätta förväntningar. Att hantera dina kunders förväntningar är avgörande för att undvika missförstånd och frustration på vägen. Var tydlig och realistisk om vad du kan och inte kan göra för dem, tidslinjen för deras ärende och kostnaderna. Ge regelbundna uppdateringar om hur deras ärende fortskrider och var proaktiv när det gäller att ta itu med eventuella problem eller frågor de kan ha på vägen.

Låt oss prata om empati. Empati är den hemliga såsen av effektiv klientkommunikation – det är det som skiljer bra advokater från fantastiska. Sätt dig själv i dina kunders skor och försök förstå deras perspektiv, deras känslor och deras motivation. Visa medkänsla och empati för deras kamp och utmaningar, och försäkra dem om att du finns där för att stödja dem i vått och torrt.

Nästa upp, låt oss prata om gränser. Även om det är viktigt att vara empatisk och stödjande, är det också viktigt att upprätthålla professionella gränser med dina kunder. Var tydlig med din roll som deras advokat och rådgivare, och undvik att bli för personligt involverad i deras angelägenheter. Sätt gränser för din tillgänglighet och tillgänglighet och var inte rädd för att upprätthålla dem när det behövs.

Låt oss prata om kommunikationskanaler. I dagens digitala tidsålder finns det otaliga sätt att kommunicera med kunder – telefonsamtal, e-postmeddelanden, textmeddelanden, videokonferenser, you name it. Välj de kommunikationskanaler som fungerar bäst för dig och dina kunder, och var lyhörd och tillgänglig på alla plattformar. Och glöm inte möten ansikte mot ansikte – det finns ingen ersättning för den personliga kopplingen som kommer av att träffa dina kunder personligen.

Till sist, låt oss prata om dokumentation. Att dokumentera din kommunikation med kunder är inte bara god praxis, det är viktigt för att skydda dig själv och dina kunder i händelse av en tvist. Håll detaljerade register över dina konversationer, möten och korrespondens, inklusive datum, tider och viktiga takeaways. Var noggrann och korrekt i din dokumentation och se till att följa alla juridiska eller etiska krav för journalföring.

Sammanfattningsvis är effektiv kundkommunikation hörnstenen för framgång inom advokatbranschen. Genom att bygga förtroende och rapport, aktivt lyssna, vara transparent och empatisk, sätta tydliga förväntningar, upprätthålla professionella gränser, välja rätt kommunikationskanaler och dokumentera din kommunikation, kan du skapa starka, positiva relationer med dina kunder som leder till framgångsrika resultat. Så omfamna konsten att effektiv dialog, och gör dig redo att göra en meningsfull inverkan i dina kunders liv.

Rättssalsetikett: Navigera i rättvisans salar med nåd och professionalism

Välkommen till rättvisans heliga salar, där dekoren regerar och rättssalens etikett kan göra eller bryta ditt fall. Inom advokatyrket är det viktigt att veta hur man uppför sig i rättssalen för att få respekt från domare, juryer och dina medadvokater. Så, damma av din bästa kostym och putsa upp ditt sätt, för vi dyker in i rättssalens etikettsvärld.

Låt oss börja med grunderna – klädkod. I rättssalen är det första intrycket viktigt, och ditt utseende säger mycket om din professionalism och respekt för den rättsliga processen. Att klä sig på rätt sätt är ett tecken på respekt för domstolen och förfarandet, så det är viktigt att följa klädkoden. För män betyder detta vanligtvis en mörk kostym, en skjorta och en konservativ slips. För kvinnor är en skräddarsydd kostym, blus och stängda skor normen. Undvik flashiga tillbehör, överdrivna smycken och allt för avslappnat eller avslöjande. Kom ihåg att det är bättre att vara överklädd än underklädd i rättssalen.

Låt oss härnäst prata om punktlighet. I den juridiska världen är tiden av avgörande betydelse, och att vara sen är en kardinalsynd. Kom tidigt till domstolsframträdanden, möten och möten för att ge tid för säkerhetskontroller, incheckningar och förberedelser i sista minuten. Att vara punktlig visar inte bara respekt för domstolen och dina kollegor utan ger dig också tid att samla dina tankar och stämma av dig innan förfarandet börjar.

Låt oss nu prata om rättssalsinredning. I rättssalen är korrekt inredning avgörande för att upprätthålla ordningen och säkerställa rättvisa och opartiska förfaranden. När du vänder dig till domaren eller juryn, stå när du talar och tilltala dem med respekt – "Ers heder" eller "Damer och herrar i juryn." Undvik att avbryta andra medan de pratar och vänta på din tur att tala. Och vänd dig alltid till motstående rådgivare och vittnen med artighet och professionalism, även om du häftigt inte håller med dem.

Låt oss prata om rättssalens uppförande. I stridens hetta är det lätt att låta dina känslor få det bästa av dig, men att upprätthålla ett lugnt och sammansatt uppträdande är avgörande för ett effektivt påverkansarbete. Håll dig kall, även inför aggressiva ifrågasättanden eller provocerande kommentarer. Behåll ett neutralt ansiktsuttryck och undvik att himla med ögonen, sucka eller göra andra gester som kan tolkas som respektlöst eller föraktfullt. Kom ihåg att rättssalen inte är platsen för teater eller läktare – utom det för scenen.

Låt oss nu prata om rättssalsteknik. I dagens digitala tidsålder spelar teknik en allt viktigare roll i rättssalen, från elektroniska arkivsystem till multimediapresentationer. Bekanta dig med tekniken som används i din rättssal, oavsett om det är dokumentkameror, programvara för videokonferenser eller digitala utställningar. Träna på att använda tekniken innan ditt domstolsframträdande för att säkerställa smidiga och sömlösa presentationer.

Låt oss prata om rättssalskommunikation. Effektiv kommunikation är nyckeln till framgång i rättssalen, oavsett om du framför argument, förhör vittnen eller vänder dig till juryn. Tala tydligt och säkert och använd ett språk som är lämpligt för din publik. Undvik juridisk jargong och komplex terminologi – förklara begrepp i klartext som domaren och juryn kan förstå. Och var alltid beredd att backa upp dina argument med bevis och juridisk auktoritet.

Låt oss härnäst prata om rättssalsförfarandet. Varje rättssal har sin egen uppsättning regler och procedurer, och det är viktigt att bekanta dig med dem innan ditt framträdande. Granska de lokala domstolsreglerna, domarens stående order och eventuella tillämpliga lagar eller rättspraxis som styr förfarandet. Och tveka inte att ställa frågor om du är osäker på någon aspekt av proceduren – det är bättre att be om ett förtydligande än att göra ett kostsamt misstag.

Låt oss nu prata om opinionsbildning i rättssalen. Som advokat är din primära roll i rättssalen att nitiskt förespråka för din klients räkning. Men opinionsbildning betyder inte aggression. Det innebär att presentera ditt ärende på ett övertygande och effektivt sätt, samtidigt som du följer reglerna för dekor och professionalism. Lyssna noga på argumenten från motsatta ombud, svara eftertänksamt och håll alltid din klients bästa i centrum.

Låt oss prata om rättssalsetik. I strävan efter rättvisa är det viktigt att upprätthålla de högsta standarderna för etik och integritet. Undvik uppförande som är oärligt, bedrägligt eller oetiskt och följ alltid reglerna för professionellt uppförande och den etiska koden för advokater. Respektera rättigheterna för alla parter som är inblandade i förfarandet, och äventyra aldrig din integritet för att vinna ett mål.

Låt oss slutligen prata om rättssalsetikett utanför rättssalen. Inom advokatkåren kan ditt beteende utanför rättssalen ha lika stor inverkan på ditt rykte som ditt beteende i rättssalen. Behandla domstolspersonal, kollegor och motstående rådgivare med respekt och artighet hela tiden, oavsett om du är i korridoren, konferensrummet eller det lokala kaféet. Och kom alltid ihåg att du är en representant för advokatkåren – agera därefter.

Sammanfattningsvis är rättssalsetiketten en viktig färdighet för framgång inom advokatyrket. Genom att följa principerna om professionalism, respekt och integritet kan du navigera i rättvisans salar med nåd och värdighet. Så stå högt, tala tydligt och uppträd med största professionalism hela tiden. Rättssalen är din scen – få varje framträdande att räknas.

Förhandlingstekniker: Att bemästra konsten att övertyga

Välkommen till förhandlingens slagfält, där ord är vapen och strategi är kung. Inom advokatyrket är det viktigt att behärska konsten att förhandla för att uppnå gynnsamma resultat för dina kunder. Så skärp ditt förstånd och förbered dig på att övermanövrera dina motståndare, eftersom vi dyker in i förhandlingsteknikernas värld.

Låt oss börja med grunderna – förberedelser. Framgångsrika förhandlingar sker inte av en slump – de är resultatet av noggrann planering och förberedelser. Innan du inleder förhandlingar, ta dig tid att noggrant undersöka de aktuella frågorna, förstå din klients mål och prioriteringar och förutse den andra partens argument och taktik. Kunskap är makt, och ju mer du vet, desto bättre rustad kommer du att vara för att förhandla effektivt.

Nu ska vi prata om att sätta upp mål. Innan du sätter dig vid förhandlingsbordet är det viktigt att ha en klar förståelse för vad du hoppas uppnå. Sätt upp specifika, mätbara mål för förhandlingen, oavsett om det handlar om att säkra en gynnsam uppgörelse, erhålla vissa eftergifter eller att nå en ömsesidigt fördelaktig överenskommelse. Känn din slutpunkt – den punkt där du är villig att gå därifrån – och var beredd att hålla fast vid den.

Nästa upp, låt oss prata om att bygga relationer. Att bygga relationer med den andra parten är avgörande för att skapa förtroende och skapa en positiv förhandlingsmiljö. Hitta en gemensam grund, visa empati och förståelse och var alltid respektfull och artig. Kom ihåg att förhandling inte är ett nollsummespel – det handlar om att hitta lösningar som tillfredsställer båda parters intressen.

Låt oss prata om aktivt lyssnande. Effektiva förhandlingar handlar inte bara om att prata – det handlar också om att lyssna. Lyssna noga på den andra partens bekymmer, intressen och prioriteringar och försök förstå deras perspektiv. Ställ öppna frågor för att uppmuntra dem att dela sina tankar och känslor och visa att du är genuint intresserad av att hitta en lösning som fungerar för båda sidor.

Nu ska vi prata om inramning. Framing är en kraftfull övertalningsteknik som innebär att forma hur den andra parten uppfattar de aktuella frågorna. Presentera dina argument och förslag på ett sätt som framhäver deras fördelar och förringar deras nackdelar. Använd ett positivt språk och övertygande retorik för att föra fram din sak, och var beredd att motverka alla invändningar eller kritik med övertygande argument och bevis.

Låt oss prata om eftergifter. Förhandlingar handlar om att ge och ta, och eftergifter är en oundviklig del av processen. Var beredd att göra eftergifter när det behövs, men gör det strategiskt. Börja med små, lågvärdiga eftergifter och arbeta dig gradvis upp till mer betydande. Och be alltid om något i gengäld – förhandling är en dubbelriktad gata, och du ska aldrig ge bort något för ingenting.

Låt oss härnäst prata om förhandlingstaktik. Det finns otaliga taktiker och strategier du kan använda för att få en fördel i förhandlingar, från förankring och spegling till bluff och stenmurning. Experimentera med olika taktiker och tekniker för att se vad som fungerar bäst för dig och din förhandlingsstil, och var beredd att anpassa ditt förhållningssätt utifrån omständigheterna och motpartens beteende.

Låt oss prata om kreativ problemlösning. Ibland ligger nyckeln till en framgångsrik förhandling inte i att hitta en gemensam grund, utan i att tänka utanför ramarna och utforska kreativa lösningar på de aktuella problemen. Brainstorma alternativa alternativ, överväg kompromisser och kompromisser och var öppen för innovativa idéer som kanske inte har fallit dig in från början. Ju mer flexibel och kreativ du är, desto mer sannolikt kommer du att hitta en lösning som tillgodoser båda parters intressen.

Till sist, låt oss prata om att avsluta affären. Att avsluta affären är ofta den mest utmanande delen av förhandlingsprocessen, men det är också den mest avgörande. När du har nått en överenskommelse, sammanfatta villkoren tydligt och se till att båda parter förstår och accepterar dem. Skriv avtalet skriftligt, om möjligt, och var beredd att följa upp med all nödvändig dokumentation eller åtgärder för att slutföra affären. Och avsluta alltid förhandlingen på en positiv ton, uttrycka tacksamhet och välvilja mot den andra parten.

Sammanfattningsvis är förhandling både en konst och en vetenskap, som kräver noggrann planering, strategiskt tänkande och effektiv kommunikation. Genom att behärska förhandlingstekniker som förberedelser, målsättning, rapportskapande, aktivt lyssnande, inramning, eftergifter, taktik, kreativ problemlösning och avsluta affären, kan du uppnå gynnsamma resultat för dina kunder och bygga upp ditt rykte som en skicklig förhandlare inom advokatbranschen. Så beväpna dig med kunskap, skärpa dina övertalningsförmåga och gör dig redo att vinna dagen i din nästa förhandling.

Bygg ditt professionella nätverk: Skapa kontakter och främja framgång

Välkommen till en värld av professionellt nätverkande, där relationer är valuta och förbindelser kan öppna dörrar till nya möjligheter. Inom advokatyrket är det viktigt att bygga ett starkt professionellt nätverk för att avancera din karriär, få värdefulla insikter och öppna dörrar till nya möjligheter. Så ta dina visitkort och din elevator-pitch, för vi dyker in i nätverksvärlden.

Låt oss börja med grunderna – definiera dina mål. Innan du börjar nätverka, ta dig tid att tänka på vad du hoppas uppnå. Vill du utöka din kundbas, hitta en mentor eller utforska nya karriärmöjligheter? Att ha tydliga mål hjälper dig att fokusera dina nätverksansträngningar och få ut det mesta av din tid och energi.

Nu ska vi prata om var man ska nätverka. Nätverksmöjligheter finns i överflöd inom advokatbranschen, från advokatsamfundsevenemang och juridiska konferenser till alumnisamlingar och nätverksmixers. Leta efter evenemang och organisationer som är i linje med dina intressen och mål, och se till att delta regelbundet. Och glöm inte nätverket online – sociala medieplattformar som LinkedIn kan vara kraftfulla verktyg för att få kontakt med kollegor, kunder och potentiella arbetsgivare.

Låt oss prata om att göra ett bra första intryck. I nätverkets värld är första intryck allt. Klä dig professionellt, le och få ögonkontakt när du träffar nya människor. Var tillgänglig och vänlig och presentera dig själv med ett fast handslag och ett självsäkert uppträdande. Och glöm inte att lyssna – ställ frågor, visa genuint intresse för den andra personen och var uppmärksam på deras svar.

Nu ska vi prata om hissplatsen. Din hiss-pitch är din chans att göra ett minnesvärt intryck och väcka en konversation med någon ny. Håll det kort, koncist och rakt på sak – inte mer än 30 sekunder. Presentera dig själv, nämn vad du gör och lyft fram det som skiljer dig från mängden.

Och glöm inte att skräddarsy din pitch efter din publik – det som resonerar hos en person kanske inte resonerar med en annan.

Låt oss prata om nätverksetiketten. Nätverk handlar om att bygga relationer, och det kräver respekt, artighet och professionalism. Var uppmärksam på människors tid och rum – monopolisera inte konversationen eller avbryt inte andra medan de pratar. Och följ alltid upp efter nätverksevenemang med ett tack-e-postmeddelande eller ett LinkedIn-meddelande – det är en enkel gest som kan räcka långt för att bygga relationer och hålla kontakten vid liv.

Låt oss härnäst prata om mervärde. Effektivt nätverk handlar inte bara om vad du kan få – det handlar också om vad du kan ge. Leta efter sätt att tillföra värde till ditt nätverk, oavsett om det är att dela med dig av din expertis, göra introduktioner eller erbjuda hjälp och support. Var generös med din tid och dina resurser, så kommer du att upptäcka att ditt nätverk kommer att vara mer än villigt att återgälda.

Låt oss prata om att hålla kontakten. Att bygga ett professionellt nätverk är en pågående process, och det är viktigt att hålla kontakten med dina kontakter över tid. Håll kontakten med ditt nätverk genom regelbundna e-postmeddelanden, telefonsamtal eller kaffemöten. Dela uppdateringar om din karriär, gratulera dem till deras framgångar och ge support när det behövs. Och glöm inte att vårda de relationer som betyder mest – det är de som kommer att ge utdelning på lång sikt.

Låt oss nu prata om att utnyttja ditt nätverk. Ditt professionella nätverk kan vara en värdefull källa till råd, stöd och möjligheter under hela din karriär. Var inte rädd för att nå ut till dina kontakter när du behöver hjälp eller råd, oavsett om det handlar om ett jobbsökande, en karriärövergång eller ett utmanande fall. Och var proaktiv när det gäller att erbjuda ditt stöd och hjälp till andra i ditt nätverk – det är ett säkert sätt att stärka dina relationer och bygga goodwill.

Till sist, låt oss prata om att ge tillbaka. När du går framåt i din karriär och bygger ditt professionella nätverk, glöm inte att betala det framåt. Mentor juniorkollegor, lägg din tid och expertis frivilligt till värdiga ändamål och stöd initiativ som främjar mångfald och inkludering i advokatkåren. Genom att ge tillbaka till ditt yrke och din gemenskap kommer du inte bara att ha en positiv inverkan på omvärlden utan också stärka ditt nätverk och stärka ditt rykte som ledare inom juristbranschen.

Sammanfattningsvis är det viktigt att bygga ett starkt professionellt nätverk för att lyckas inom advokatbranschen. Genom att definiera dina mål, söka nätverksmöjligheter, göra ett bra första intryck, fullända din elevator pitch, öva nätverksetikett, lägga till värde, hålla kontakten, utnyttja ditt nätverk och ge tillbaka, kan du skapa meningsfulla kontakter, avancera din karriär och främja framgång inom advokatyrket. Så, gå ut, skaka hand och börja bygga ditt nätverk – det är nyckeln till att låsa upp oändliga möjligheter i den juridiska världen.

Hitta en mentor: Navigera vägen till professionell vägledning

På resan i en juridisk karriär kan en mentor vara ledstjärnan som guidar dig genom yrkets vändningar. En mentor erbjuder ovärderlig visdom, råd och stöd, som hjälper dig att navigera i komplexiteten i den juridiska världen och lägga ut en kurs för framgång. Men att hitta rätt mentor är inte alltid lätt – det kräver tålamod, uthållighet och ett proaktivt förhållningssätt. Så låt oss utforska konsten att hitta en mentor och de steg du kan ta för att skapa en meningsfull mentorskapsrelation.

Först och främst, förstå vad du letar efter hos en mentor. Tänk på dina karriärmål, ambitioner och områden där du kan dra nytta av vägledning och stöd. Söker du någon med expertis inom ett specifikt rättsområde? Eller kanske du letar efter någon som kan hjälpa dig att navigera i utmaningarna med balans mellan arbete och privatliv eller karriäravancemang. Genom att förtydliga dina mål kan du bättre rikta ditt sökande efter en mentor som passar dina behov och ambitioner.

När du har en klar uppfattning om vad du letar efter, börja med att leta i ditt befintliga nätverk. Din mentor kan vara en före detta professor, kollega, handledare eller till och med en vän till familjen. Nå ut till dina kontakter och låt dem veta att du söker mentorskap. Var specifik om vad du letar efter och varför du tror att de skulle passa bra som mentor. Du kanske blir förvånad över hur mottagliga människor är för idén om mentorskap och ivriga att dela med sig av sin visdom och erfarenhet.

Om du inte kan hitta en mentor inom ditt befintliga nätverk, misströsta inte. Leta efter mentorskapsmöjligheter inom professionella organisationer, advokatsamfund eller affinitetsgrupper. Dessa grupper erbjuder ofta mentorskapsprogram eller nätverksevenemang där du kan få kontakt med erfarna advokater som är villiga att fungera som mentorer. Delta i dessa evenemang regelbundet, delta aktivt och ansträng dig för att bygga relationer med potentiella mentorer.

En annan väg för att hitta en mentor är genom alumninätverk eller juridiska alumniföreningar. Nå ut till alumner som arbetar inom områden eller praktikområden som intresserar dig och fråga om de skulle vara villiga att mentora dig. Alumner är ofta ivriga att ge tillbaka till sina alma mater och hjälpa nästa generations advokater att lyckas. Dra nytta av denna resurs och utnyttja dina kontakter inom alumnigemenskapen för att hitta en mentor som kan hjälpa dig att vägleda dig på din karriärväg.

Förbise inte kraften i sociala medier när det gäller att hitta en mentor. Plattformar som LinkedIn erbjuder en mängd nätverksmöjligheter, vilket gör att du kan få kontakt med advokater från hela världen. Använd LinkedIn för att söka efter advokater som arbetar inom ditt önskade praktikområde eller som har erfarenhet inom områden där du söker vägledning. Skicka ett personligt meddelande till dem där du presenterar dig själv och förklarar varför du är intresserad av att få kontakt med dem. Var respektfull för sin tid och gör det klart att du söker mentorskap, inte bara ett jobb eller en tjänst.

När du har identifierat potentiella mentorer, ta initiativet till att nå ut och inleda en konversation. Var proaktiv och uthållig – bli inte avskräckt om du inte får svar direkt. Följ upp artigt och respektfullt och visa ditt genuina intresse av att etablera en mentorskapsrelation. Erbjud dig att träffas för kaffe eller lunch för att diskutera dina mål och intressen vidare. Kom ihåg att det tar tid och ansträngning att bygga en mentorskapsrelation, så var tålmodig och uthållig i din strävan.

När du träffar en potentiell mentor, var beredd att lyssna och lära dig. Ställ genomtänkta frågor, sök deras råd och perspektiv och var öppen för konstruktiv feedback. Visa tacksamhet för deras tid och visdom, och uttryck din äkta uppskattning för deras vilja att mentora dig. Att bygga en stark mentorskapsrelation är tvåvägs, så var villig att investera tid och ansträngning i att vårda relationen och visa ditt engagemang för din mentors vägledning och stöd.

När du fortsätter din resa inom advokatyrket, glöm inte att betala det framåt. När du har hittat en mentor som har haft en positiv inverkan på din karriär, överväg att fungera som mentor för andra som precis har börjat. Dela dina kunskaper, erfarenheter och insikter med nästa generations advokater och hjälp dem att navigera i advokatkårens utmaningar och möjligheter. Genom att ge tillbaka och stödja andra på deras resa kommer du inte bara att hedra arvet från din egen mentor utan också bidra till tillväxten och framgången för det juridiska samfundet som helhet.

Sammanfattningsvis är att hitta en mentor ett viktigt steg på vägen mot en juridisk karriär. Genom att förtydliga dina mål, utnyttja ditt befintliga nätverk, söka mentorskapsmöjligheter och vara proaktiv och uthållig i din strävan, kan du hitta en mentor som kan erbjuda ovärderlig vägledning och stöd när du navigerar i advokatbranschens komplexitet.

Så var inte rädd för att nå ut, skapa kontakter och skapa meningsfulla mentorskapsrelationer – det kan vara nyckeln till att frigöra din fulla potential som advokat.

Fortsatt juridisk utbildning (CLE): Livslångt lärande i advokatyrket

Välkommen till en värld av fortlöpande juridisk utbildning (CLE), där jakten på kunskap aldrig tar slut och jakten på spetskompetens pågår. Inom advokatbranschen är det viktigt att hålla sig uppdaterad med den senaste utvecklingen inom juridik och praxis för att upprätthålla kompetens, betjäna klienter effektivt och avancera din karriär. Så låt oss utforska vikten av CLE och hur du kan få ut det mesta av denna ovärderliga resurs.

Först och främst, låt oss prata om varför CLE är viktigt. Det juridiska landskapet utvecklas ständigt, med nya lagar, förordningar och prejudikat som dyker upp varje dag. Att hålla sig à jour med dessa förändringar är avgörande för att tillhandahålla kompetent och effektiv representation till dina kunder. CLE ger dig en möjlighet att fördjupa din förståelse av materiella rättsområden, lära dig om nya trender och frågor och vässa dina färdigheter som advokat. Oavsett om du är en erfaren advokat eller en nyligen antagen advokat, är CLE avgörande för att förbli konkurrenskraftig och relevant på dagens juridiska marknad.

Låt oss nu prata om de olika typerna av CLE. CLE-program finns i olika format, inklusive liveseminarier, webbseminarier, onlinekurser, konferenser, workshops och självstudiematerial. Varje format erbjuder sina egna fördelar och flexibilitet, vilket gör att du kan skräddarsy din CLE-upplevelse efter ditt schema och dina inlärningspreferenser. Oavsett om du föredrar att delta i personliga evenemang, delta i virtuella program eller lära dig i din egen takt, finns det ett CLE-format som är rätt för dig.

Låt oss härnäst prata om de ämnen som tas upp i CLE. CLE-program täcker ett brett spektrum av ämnen, från materiella rättsområden som kontrakt, skadestånd och straffrättsliga förfaranden till praktik, etik och professionalism. Oavsett om du vill fördjupa din expertis inom ditt primära verksamhetsområde eller utöka dina kunskaper till nya rättsområden, finns det ett CLE-program som kan hjälpa dig att nå dina mål. Många jurisdiktioner kräver också att advokater slutför ett visst antal poäng inom specifika ämnesområden, så se till att kontrollera din delstats CLE-krav för att säkerställa efterlevnad.

Låt oss prata om att hitta CLE-program. Det finns många leverantörer av CLE-program, inklusive advokatsamfund, juristskolor, professionella organisationer och privata företag. Många av dessa leverantörer erbjuder ett brett utbud av program som täcker olika ämnen och format, vilket gör det enkelt att hitta CLE-möjligheter som uppfyller dina behov och intressen. Dessutom erbjuder onlineplattformar som West LegalEdcenter, Lawline och Practicing Law Institute (PLI) omfattande bibliotek med CLE-kurser som du kan komma åt när som helst, var som helst.

Låt oss nu prata om att maximera värdet av CLE. Att delta i CLE-program är bara det första steget – att maximera värdet av CLE kräver aktivt engagemang och tillämpning av det du har lärt dig. Gör anteckningar under CLE-sessioner, delta i diskussioner och ställ frågor för att klargöra eventuella förvirringspunkter. Efter programmet, ta dig tid att reflektera över vad du har lärt dig och hur du kan tillämpa det i din praktik. Överväg att diskutera viktiga takeaways med kollegor eller mentorer, och utforska möjligheter att införliva nya kunskaper och färdigheter i ditt arbete.

Låt oss prata om att spåra CLE-krediter. De flesta jurisdiktioner kräver att advokater spårar sina CLE-krediter och rapporterar dem regelbundet till statens advokat- eller licensmyndighet. Håll detaljerade register över de CLE-program du deltar i, inklusive datum, titel, leverantör och antal intjänade poäng. Se till att verifiera att de program du deltar i är ackrediterade av din statliga advokat eller licensmyndighet för att säkerställa att CLE-kraven efterlevs. Många stater erbjuder också onlineportaler eller system för advokater att rapportera sina CLE-krediter bekvämt.

Låt oss slutligen prata om fördelarna med CLE utöver att uppfylla obligatoriska krav. CLE handlar inte bara om att tjäna krediter – det handlar om att investera i din professionella utveckling och tillväxt som advokat. Genom att delta i CLE-program kan du utöka dina kunskaper, förbättra dina färdigheter, hålla dig uppdaterad med utvecklingen inom ditt praktikområde och få kontakt med kollegor och experter på området. CLE erbjuder också möjligheter till nätverkande, mentorskap och samarbete, vilket hjälper dig att bygga relationer och avancera din karriär inom advokatyrket.

Sammanfattningsvis är Fortsatt juridisk utbildning (CLE) en hörnsten i professionell utveckling och livslångt lärande inom advokatbranschen. Genom att hålla dig à jour med utvecklingen inom juridik och praxis, fördjupa din expertis och utöka ditt professionella nätverk, kan du förbättra din effektivitet som advokat och positionera dig för framgång i dagens dynamiska juridiska landskap. Så omfamna möjligheterna som CLE erbjuder, och få ut det mesta av denna ovärderliga resurs för att avancera din karriär och uppnå dina mål som jurist.

Specialisering och certifiering: Öka din expertis på den juridiska arenan

Välkommen till en värld av specialisering och certifiering inom advokatbranschen, där expertis värderas och meriter kan öppna dörrar till nya möjligheter. I ett alltmer konkurrensutsatt juridiskt landskap kan specialisering på ett visst praktikområde och erhålla certifieringar skilja dig från mängden, öka din trovärdighet och främja din karriär. Så låt oss undersöka vikten av specialisering och certifiering och hur du kan utnyttja dem för att höja din expertis på den juridiska arenan.

Låt oss först och främst prata om specialisering. Specialisering innebär att fokusera din praktik på ett specifikt rättsområde, såsom familjerätt, immateriell egendom eller straffrättsligt försvar. Genom att koncentrera dina ansträngningar på ett visst övningsområde kan du utveckla djup expertis, finslipa dina färdigheter och bli känd som en go-to-expert inom ditt område. Specialisering gör att du kan skilja dig från allmänläkare och positionera dig som en betrodd rådgivare och företrädare för klienter med specialiserade behov.

Låt oss nu prata om fördelarna med specialisering. Att specialisera sig på ett specifikt övningsområde erbjuder många fördelar, både för dig och dina kunder. Till att börja med tillåter specialisering dig att utveckla en djup förståelse av nyanserna, komplexiteten och krångligheterna i ditt valda område, vilket gör att du kan tillhandahålla mer effektiv och riktad representation till dina kunder. Specialisering gör att du också kan bygga upp ett rykte som en auktoritet inom ditt område och attrahera kunder som söker expertis och erfarenhet inom det rättsområdet. Dessutom kan specialisering leda till ökad arbetstillfredsställelse och tillfredsställelse, eftersom du fokuserar på arbete som ligger i linje med dina intressen, passioner och styrkor.

Nästa upp, låt oss prata om certifiering. Certifiering är ett formellt erkännande av expertis och kompetens inom ett visst praktikområde, som tilldelas av ett erkänt ackrediteringsorgan eller professionell organisation. Att erhålla certifiering visar ditt engagemang för spetskompetens, ditt engagemang för professionell utveckling och din vilja att möta och upprätthålla rigorösa standarder för kunskap och skicklighet inom ditt valda område. Även om certifiering inte alltid krävs för att praktisera inom ett specifikt rättsområde, kan det öka din trovärdighet, trovärdighet och säljbarhet som jurist.

Låt oss nu prata om hur man får specialisering och certifiering. Processen för att erhålla specialisering och certifiering varierar beroende på jurisdiktion och ackrediterande organ eller organisation. I vissa fall kan du behöva uppfylla vissa utbildningskrav, visa en lägsta nivå av erfarenhet inom området och klara en omfattande undersökning eller bedömning. Du kan också behöva delta i pågående fortbildning eller professionella utvecklingsaktiviteter för att behålla din certifiering.

Låt oss prata om att välja rätt specialisering och certifiering. När du väljer en specialisering och söker certifiering är det viktigt att ta hänsyn till dina intressen, styrkor och karriärmål. Välj ett övningsområde som passar dina passioner och talanger, och där du ser möjligheter till tillväxt och avancemang. Undersök olika certifieringsprogram och ackrediteringsorgan för att hitta en som är ansedd, respekterad och erkänd inom advokatbranschen. Och var inte rädd för att söka vägledning från mentorer, kollegor och experter på området som kan ge insikter och råd utifrån sina egna erfarenheter.

Låt oss sedan prata om värdet av specialisering och certifiering inom advokatyrket. Specialisering och certifiering kan öppna dörrar till nya möjligheter och karriäravancemang. De kan förbättra din trovärdighet och ditt rykte som expert inom ditt område, locka kunder, remisser och professionella möjligheter. De kan också öka din intjäningspotential och arbetstillfredsställelse, eftersom du blir känd för din specialiserade expertis och förmåga att leverera resultat för dina kunder. Dessutom kan specialisering och certifiering ge en känsla av stolthet och prestation, när du uppnår erkännande för ditt engagemang och behärskning av ett specifikt rättsområde.

Låt oss slutligen tala om fortbildning och professionell utveckling. Specialisering och certifiering är inte slutet på resan – de är bara början. För att behålla din expertis och hålla dig uppdaterad med utvecklingen inom ditt område är det viktigt att engagera sig i fortlöpande fortbildning och professionella utvecklingsaktiviteter. Delta i konferenser, seminarier och workshops i ditt praktikområde, läs professionella tidskrifter och publikationer och delta i onlinekurser och webbseminarier. Håll kontakten med kollegor och experter inom ditt område och var öppen för nya idéer, perspektiv och möjligheter till tillväxt och lärande.

Sammanfattningsvis är specialisering och certifiering kraftfulla verktyg för att främja din expertis och trovärdighet inom advokatbranschen. Genom att fokusera din praktik på ett specifikt juridikområde och erhålla certifiering kan du skilja dig från konkurrenterna, attrahera kunder och uppnå större framgång och tillfredsställelse i din karriär. Så omfamna möjligheterna som specialisering och certifiering erbjuder, och gör det bästa av dem för att höja din expertis och utmärka dig på den juridiska arenan.

Förstå juridisk etik: Navigera i den juridiska professionens moraliska kompass

Välkommen till den juridiska etikens rike, där advokatkårens moraliska kompass vägleder advokaternas uppförande och upprätthåller principerna om rättvisa, integritet och professionalism. Inom advokatkåren är etiska överväganden av största vikt, som formar varje aspekt av en advokats praxis och interaktioner med klienter, kollegor och domstolen. Så låt oss fördjupa oss i principerna för juridisk etik, reglerna för advokatuppförande och vikten av att upprätthålla etiska standarder i utövandet av juridik.

Låt oss först och främst tala om grunden för juridisk etik – skyldigheten att upprätthålla rättsstatsprincipen och skipa rättvisa rättvist och opartiskt. Som domstolens tjänstemän spelar advokater en avgörande roll i rättskipningen, förespråkar sina klienters intressen inom lagens gränser och säkerställer att principerna om rättvisa, rättvisa och korrekt process upprätthålls. Att upprätthålla rättsstatsprincipen kräver att advokater agerar med integritet, ärlighet och respekt för rättssystemet och rättigheterna för alla inblandade parter.

Låt oss nu prata om vikten av konfidentialitet och advokat-klientprivilegier. Sekretess är en hörnsten i förhållandet advokat-klient, skyddar integriteten och förtroendet för klienter och underlättar öppen och uppriktig kommunikation mellan advokater och deras klienter. Advokater är bundna av strikta etiska regler för att upprätthålla konfidentialitet för klientinformation, både under och efter advokat-klientförhållandet. Denna tystnadsplikt omfattar all kommunikation och information som delas under representationen, oavsett om den är privilegierad eller inte.

Låt oss härnäst prata om intressekonflikter. Intressekonflikter är situationer där en advokats personliga eller professionella intressen står i konflikt med deras skyldighet att agera för sin klients bästa. Att undvika intressekonflikter är väsentligt för att upprätthålla advokatkårens integritet och pålitlighet. Advokater är skyldiga att identifiera och avslöja eventuella intressekonflikter för sina klienter och att avstå från att företräda klienter när en konflikt existerar eller rimligen skulle kunna uppfattas existera. Underlåtenhet att ta itu med intressekonflikter kan leda till allvarliga konsekvenser, inklusive disciplinära åtgärder och professionella sanktioner.

Låt oss nu prata om kompetens och flit. Advokater har en skyldighet att tillhandahålla kompetent och noggrann representation till sina klienter och tillämpa den kunskap, skicklighet och noggrannhet som krävs för att representera sina klienter effektivt. Denna skyldighet kräver att advokater håller sig à jour med utvecklingen i lagstiftningen, upprätthåller den nödvändiga kompetensen och expertis för att hantera sina klienters ärenden på ett kompetent sätt, och ägnar tillräcklig tid och uppmärksamhet åt varje klients ärende. Underlåtenhet att uppfylla standarden för kompetens och noggrannhet kan resultera i anspråk på felbehandling, disciplinära åtgärder och skada på klienter.

Låt oss prata om ärlighet och uppriktighet. Advokater måste vara ärliga och uppriktiga i sina kontakter med klienter, motparter, domstolen och tredje part. Denna skyldighet att vara ärlig och uppriktig sträcker sig till all kommunikation och framställningar som görs under representationen, inklusive inlagor, motioner och muntliga argument. Advokater är förbjudna att göra falska påståenden eller felaktiga framställningar om fakta, och de har en skyldighet att korrigera alla falska eller vilseledande påståenden som de blir medvetna om. Att upprätthålla principerna om ärlighet och uppriktighet är avgörande för att upprätthålla advokatkårens integritet och trovärdighet.

Låt oss sedan tala om plikten att nitiskt påverkas. Även om advokater har en skyldighet att företräda sina klienters intressen kraftfullt och nitiskt, måste denna skyldighet balanseras med skyldigheten att upprätthålla rättsstatsprincipen och upprätthålla yrkesetik. Nitisk opinionsbildning betyder inte att till varje pris sträva efter seger – det innebär att förespråka dina klienters intressen inom lagens och yrkesmässiga regler. Advokater måste avstå från att ägna sig åt beteende som är oärligt, vilseledande eller skadligt för rättskipningen, även i strävan efter nitisk förespråkare.

Låt oss nu prata om den juridiska etikens roll i det bredare rättssystemet. Juridisk etik fungerar som en grund för advokatkårens integritet, trovärdighet och professionalism. Att upprätthålla etiska standarder är avgörande för att upprätthålla allmänhetens förtroende och förtroende för rättssystemet och för att säkerställa en rättvis och rättvis rättskipning. Advokater som följer etiska principer bidrar till rättssystemets integritet och effektivitet, medan de som bryter mot etiska regler undergräver allmänhetens förtroende och förtroende för advokatkåren som helhet.

Låt oss slutligen tala om vikten av fortlöpande utbildning i juridisk etik. Det juridiska landskapet utvecklas ständigt, med nya utmaningar, frågor och etiska dilemman som dyker upp varje dag. Advokater måste hålla sig à jour med utvecklingen inom juridisk etik, förstå sina etiska skyldigheter och veta hur man effektivt navigerar i etiska dilemman. Fortsatt utbildning och träning i juridisk etik är avgörande för att säkerställa att advokater har kunskap, färdigheter och medvetenhet för att upprätthålla etiska standarder och navigera i etiska utmaningar i sin praktik.

Sammanfattningsvis är juridisk etik hörnstenen i den juridiska professionen, vägleder advokaters uppförande och säkerställer integriteten, trovärdigheten och effektiviteten hos det juridiska systemet. Att upprätthålla etiska principer är väsentligt för att upprätthålla allmänhetens förtroende och förtroende för advokatkåren och rättskipningen. Genom att följa etiska standarder kan advokater uppfylla sin plikt att upprätthålla rättsstatsprincipen, förespråka sina klienters intressen och bidra till en rättvis och rättvis lösning av tvister i samhället.

Konfidentialitet och privilegier: Säkra förtroende och integritet i det juridiska området

Välkommen till sfären av konfidentialitet och privilegier inom advokatbranschen, där förtroende och integritet är heliga principer som ligger till grund för förhållandet advokat-klient. Konfidentialitet och privilegier är grundläggande begrepp som skyddar integriteten i kommunikationen mellan advokater och deras klienter, främjar en öppen och uppriktig dialog och säkerställer en effektiv representation av klienternas intressen. Så låt oss fördjupa oss i nyanserna av konfidentialitet och privilegier, deras betydelse i det juridiska området och de etiska skyldigheter de medför.

Låt oss först och främst prata om sekretess. Sekretess är en grundprincip i förhållandet advokat-klient, värna om integritet och förtroende för klienter och främja öppen och ärlig kommunikation mellan advokater och deras klienter. Enligt tystnadsplikten är advokater skyldiga att hålla all information som rör sina klienters representation konfidentiell, både under och efter advokat-klientförhållandet. Denna skyldighet omfattar all kommunikation, dokument och information som delas under representationen, oavsett om den är privilegierad eller inte.

Låt oss nu prata om advokat-klientprivilegier. Advokat-klient privilegium är en juridisk doktrin som skyddar viss kommunikation mellan advokater och deras klienter från avslöjande i domstolsförfaranden och andra sammanhang. Behörigheten gäller konfidentiell kommunikation mellan en klient och dennes advokat i syfte att erhålla juridisk rådgivning eller representation. För att kvalificera sig för privilegiet måste kommunikation ske i förtroende och inte avslöjas för tredje part utanför förhållandet advokat-klient. Syftet med privilegiet är att uppmuntra klienter att vara öppna och ärliga mot sina advokater och att underlätta en effektiv representation av klienternas intressen.

Låt oss härnäst prata om omfattningen av konfidentialitet och privilegier. Sekretess och privilegier gäller i stort sett all kommunikation och information som delas mellan advokater och deras klienter under representationen. Detta inkluderar diskussioner om juridisk strategi, ärendestrategi, förlikningsförhandlingar och andra känsliga frågor. Tystnadsplikten och advokat-klient-privilegiet sträcker sig även till kommunikation med tredje part, såsom experter, konsulter och andra advokater som arbetar med ärendet, så länge dessa kommunikationer görs i syfte att erhålla juridisk rådgivning eller representation.

Låt oss nu prata om undantag från konfidentialitet och privilegier. Även om konfidentialitet och privilegier är robusta skydd, finns det vissa undantag som kan tillåta avslöjande av på annat sätt konfidentiell eller privilegierad information. Till exempel kan advokater tillåtas eller åläggas att avslöja konfidentiell information under vissa omständigheter, till exempel för att förhindra överhängande skada eller för att följa ett domstolsbeslut eller rättslig skyldighet. Advokater måste också vara uppmärksamma på de potentiella riskerna med oavsiktlig avslöjande, såsom att avstå från advokat-klient-privilegiet genom att avslöja privilegierad information till tredje part.

Låt oss prata om de etiska skyldigheterna relaterade till konfidentialitet och privilegier. Advokater är bundna av strikta etiska regler för att upprätthålla konfidentialitet för klientinformation och för att skydda advokat-klient-privilegiet. Denna skyldighet sträcker sig till alla medlemmar i en advokatbyrå, samt till stödpersonal och anställda som kan ha tillgång till konfidentiell information. Advokater måste vidta rimliga åtgärder för att skydda klienternas förtroende och se till att privilegierad kommunikation inte på ett felaktigt sätt avslöjas eller avstås.

Låt oss sedan prata om vikten av konfidentialitet och privilegier i rättssystemet. Sekretess och privilegier är väsentliga för att främja förtroendet och förtroendet i förhållandet mellan advokat och klient och främja öppen och ärlig kommunikation mellan advokater och deras klienter. Utan försäkran om konfidentialitet och privilegier kan klienter vara ovilliga att dela känslig information med sina advokater, vilket hindrar advokatens förmåga att tillhandahålla effektiv representation. Sekretess och privilegier tjänar också bredare samhälleliga intressen genom att uppmuntra det fria flödet av information och underlätta en rättvis och rättvis lösning av tvister inom rättssystemet. Sammanfattningsvis är konfidentialitet och privilegier grundläggande principer för advokatkåren, som skyddar förtroendet, integriteten och integriteten i förhållandet advokat-klient. Genom att upprätthålla dessa principer kan advokater främja öppen och ärlig kommunikation med sina klienter, främja effektiv representation och bidra till en rättvis och rättvis rättskipning. Att upprätthålla konfidentialitet och privilegier är inte bara en etisk skyldighet – det är en hörnsten i advokatbranschen och en grundläggande aspekt av att säkerställa integriteten och trovärdigheten hos det juridiska systemet.

Intressekonflikter: Navigera i etiska gränser i juridisk representation

Välkommen till den komplexa terrängen av intressekonflikter inom advokatbranschen, där etiska dilemman florerar, och skyldigheten att prioritera klienternas intressen är av största vikt. Intressekonflikter uppstår när en advokats personliga, ekonomiska eller professionella intressen står i konflikt med deras skyldighet att agera för sin klients bästa. Att navigera dessa etiska gränser kräver vaksamhet, integritet och ett åtagande att upprätthålla de högsta standarderna för professionalism. Så låt oss undersöka invecklade intressekonflikter, deras konsekvenser för juridisk representation och de etiska skyldigheter de medför.

Låt oss först och främst tala om vad som utgör en intressekonflikt. En intressekonflikt uppstår när en advokats lojalitet till en klient äventyras av konkurrerande skyldigheter eller intressen, eller när advokatens egna intressen står i konflikt med klientens. Intressekonflikter kan uppstå i olika sammanhang, inklusive situationer där advokaten har en personlig eller ekonomisk relation med en mot klienten negativ part, där advokatens representation av en klient strider direkt mot en annan klients intressen, eller där advokatens eget. intressen kan påverkas väsentligt av resultatet av representationen.

Låt oss nu prata om de etiska skyldigheterna relaterade till intressekonflikter. Advokater är bundna av strikta etiska regler för att identifiera och åtgärda intressekonflikter snabbt och effektivt. Skyldigheten att undvika intressekonflikter är inskriven i professionella uppförandekoder och juridiska etiska regler, som kräver att advokater utövar ett oberoende professionellt omdöme och prioriterar sina klienters intressen framför alla andra överväganden. Advokater måste också avslöja eventuella intressekonflikter för berörda klienter och inhämta informerat samtycke innan de fortsätter med representation om konflikten inte kan åtgärdas på ett adekvat sätt.

Låt oss härnäst prata om konsekvenserna av intressekonflikter för juridisk representation. Intressekonflikter kan få allvarliga konsekvenser för förhållandet advokat-klient, rättssystemets integritet och de inblandade parternas intressen. Underlåtenhet att identifiera och åtgärda intressekonflikter kan leda till skada för klienter, skada för rättskipningen och juridiska och etiska kränkningar som kan leda till disciplinära åtgärder, anspråk på felbehandling eller andra professionella sanktioner. Advokater måste vara noggranna och proaktiva när det gäller att identifiera och hantera intressekonflikter för att skydda sina klienters intressen och upprätthålla advokatkårens integritet.

Låt oss nu prata om hur advokater kan identifiera och hantera intressekonflikter. Skyldigheten att undvika intressekonflikter kräver att advokater utövar tillbörlig aktsamhet och vaksamhet när de utvärderar potentiella konflikter och vidtar lämpliga åtgärder för att lösa dem. Detta kan innebära att utföra konfliktkontroller innan man accepterar nya klienter eller ärenden, upprätthålla robusta policyer och rutiner för intressekonflikter inom advokatbyråer, och samråd med kollegor, etiska rådgivare eller juridiska experter när konflikter uppstår. Advokater måste också vara transparenta och tillmötesgående med klienter om eventuella intressekonflikter som kan uppstå under representationen och skaffa informerat samtycke innan de fortsätter med representation om konflikten inte kan lösas på ett adekvat sätt.

Låt oss prata om vikten av policyer och förfaranden för intressekonflikter inom advokatbyråer. Advokatbyråer har ett ansvar att upprätta och upprätthålla effektiva policyer och procedurer för intressekonflikter för att förhindra att konflikter uppstår och att säkerställa att konflikter identifieras och åtgärdas snabbt och effektivt när de uppstår. Detta kan innebära att implementera konfliktkontrollsystem, upprätta protokoll för konfliktlösning och tillhandahålla fortlöpande utbildning och utbildning till advokater och personal om etiska skyldigheter relaterade till intressekonflikter. Genom att prioritera hantering av intressekonflikter kan advokatbyråer minimera risken för etiska kränkningar, skydda sina klienters intressen och upprätthålla advokatkårens integritet.

Sammanfattningsvis är intressekonflikter en genomgripande och komplex etisk utmaning inom advokatbranschen, som kräver att advokater navigerar i konkurrerande skyldigheter och intressen med integritet och professionalism. Genom att identifiera och ta itu med intressekonflikter snabbt och effektivt kan advokater skydda sina klienters intressen, upprätthålla det juridiska systemets integritet och upprätthålla allmänhetens förtroende och förtroende för advokatkåren. Vaksamhet, transparens och engagemang för etiskt uppförande är avgörande för att navigera i det etiska minfältet av intressekonflikter och säkerställa högsta standard för juridisk representation och professionalism.

Professionell integritet: Upprätthålla etiska standarder på den juridiska arenan

Välkommen till sfären av professionell integritet inom advokatbranschen, där efterlevnad av etiska standarder är hörnstenen för förtroende, trovärdighet och effektivitet som advokat. Professionell integritet omfattar ett engagemang för ärlighet, rättvisa och etiskt uppförande i alla aspekter av juridisk praxis, vägledande advokaters interaktion med klienter, kollegor, domstolen och allmänheten. Låt oss utforska principerna för professionell integritet, deras betydelse på den juridiska arenan och de etiska skyldigheter de medför.

Låt oss först och främst tala om vad professionell integritet innebär i advokatbranschens sammanhang. Professionell integritet går utöver att bara följa lagens bokstav – den omfattar ett åtagande att upprätthålla de högsta standarderna för etiskt uppförande, även när ingen tittar på. Det innebär att agera med ärlighet, rättvisa och transparens i alla affärer och att följa principerna om integritet, pålitlighet och ansvarighet i alla aspekter av juridisk praxis. Professionell integritet är inte bara en uppsättning regler – det är ett sätt att leva för advokater som styr deras handlingar och beslut i strävan efter rättvisa, rättvisa och allmännyttan.

Låt oss nu prata om vikten av professionell integritet på den juridiska arenan. Professionell integritet är avgörande för att upprätthålla allmänhetens förtroende och förtroende för rättssystemet och advokatkåren. Advokater har anförtrotts ansvaret för att upprätthålla rättsstatsprincipen, administrera rättvisa och skydda sina klienters rättigheter och intressen. Professionell integritet är grunden för detta förtroende – det säkerställer att advokater agerar med integritet, ärlighet och rättvisa i sina interaktioner med klienter, kollegor, domstolen och allmänheten, och upprätthåller därmed integriteten och trovärdigheten för advokatkåren som helhet.

Låt oss härnäst prata om de etiska skyldigheterna relaterade till professionell integritet. Advokater är bundna av strikta etiska regler och uppförandekoder som styr deras beteende och vägleder deras interaktion med klienter, kollegor, domstolen och allmänheten. Dessa regler kräver att advokater agerar med ärlighet, uppriktighet och rättvisa i alla affärer, för att upprätthålla konfidentialitet för klientinformation, för att undvika intressekonflikter och att prioritera sina klienters intressen framför alla andra överväganden. För att upprätthålla professionell integritet krävs också att advokater rapporterar etiska kränkningar eller förseelser från andra medlemmar av den juridiska professionen, vilket främjar ansvarsskyldighet och upprätthåller integriteten i rättssystemet.

Låt oss nu prata om hur advokater kan visa professionell integritet i sin dagliga verksamhet. Professionell integritet demonstreras genom konsekvent efterlevnad av etiska standarder och principer i alla aspekter av juridisk praxis. Det innebär att vara ärlig och transparent med klienter om styrkorna och svagheterna i deras ärende, tillhandahålla kompetent och noggrann representation och nitiskt förespråka klienternas intressen inom lagens gränser. Det innebär att behandla kollegor, motparter och domstolen med respekt och artighet, och att upprätthålla de högsta standarderna för professionalism och artighet i alla interaktioner. Professionell integritet innebär också att erkänna och ta itu med etiska dilemman och intressekonflikter snabbt och effektivt, och att söka vägledning eller hjälp när det behövs för att säkerställa efterlevnaden av etiska skyldigheter.

Låt oss prata om den professionella integritetens roll för att främja tillgången till rättvisa och allmänintresset. Att upprätthålla professionell integritet handlar inte bara om att skydda enskilda klienters intressen – det handlar också om att främja de bredare målen rättvisa, rättvisa och rättsstatsprincipen i samhället. Advokater har en skyldighet att främja tillgången till rättvisa och att använda sin kompetens och expertis för att förespråka dem som är marginaliserade eller missgynnade. Professionell integritet kräver att advokater agerar i allmänhetens intresse, att de upprätthåller principerna om rättvisa, rättvisa och rättvisa processer, och att de arbetar för ett rättssystem som är tillgängligt, transparent och ansvarigt för alla medlemmar i samhället.

Sammanfattningsvis är professionell integritet grunden för förtroende, trovärdighet och effektivitet inom advokatkåren. Genom att upprätthålla de högsta standarderna för etiskt uppförande kan advokater upprätthålla allmänhetens förtroende och förtroende för rättssystemet, främja tillgången till rättvisa och främja principerna om rättvisa, rättvisa och rättsstatsprincipen i samhället. Professionell integritet är inte bara en plikt – det är ett privilegium och ett ansvar som advokater bär med sig under hela sin karriär, som vägleder deras handlingar och beslut i strävan efter rättvisa, rättvisa och allmännyttan.

Balans mellan arbete och privatliv: Vårdande av välbefinnande i advokatyrket

Välkommen till utforskningen av balansen mellan arbete och privatliv i den juridiska sfären, där strävan efter professionell excellens samexisterar med behovet av personligt välbefinnande och tillfredsställelse. Balans mellan arbete och privatliv är en viktig del av en advokats övergripande tillfredsställelse, produktivitet och långsiktiga framgång. I den här diskussionen kommer vi att fördjupa oss i vikten av balans mellan arbete och privatliv, strategier för att uppnå det och dess inverkan på advokatkåren.

Först och främst, låt oss erkänna betydelsen av balans mellan arbete och privatliv. Juristkåren är känd för sin krävande arbetsbelastning, höga insatser och långa arbetstider. Att upprätthålla en hälsosam balans mellan arbete och privatliv är dock avgörande för att förhindra utbrändhet, minska stress och bevara det allmänna välbefinnandet. Att uppnå balans mellan arbete och privatliv gör det möjligt för advokater att ladda om, utöva personliga intressen och vårda relationer utanför arbetet, vilket leder till större tillfredsställelse och tillfredsställelse både personligt och professionellt.

Låt oss nu utforska strategier för att uppnå balans mellan arbete och privatliv. Att sätta gränser är nyckeln – att fastställa tydliga avgränsningar mellan arbetstid och personlig tid kan hjälpa till att förhindra att arbetet inkräktar på andra områden i livet. Det kan handla om att sätta specifika arbetstider, ange tid för avkoppling och fritidsaktiviteter och lära sig att säga nej till alltför höga arbetskrav när det behövs. Att prioritera egenvård är också viktigt - att ta tid för träning, hobbyer och sociala kontakter kan fylla på energinivåer och förbättra det allmänna välbefinnandet. Dessutom kan effektiv tidshantering, delegering och att söka stöd från kollegor eller mentorer hjälpa advokater att hantera sin arbetsbörda mer effektivt och minska stress.

Låt oss härnäst diskutera fördelarna med balans mellan arbete och privatliv för advokater och advokatkåren. Balans mellan arbete och privatliv leder till gladare, friskare och mer engagerade advokater, vilket i sin tur kan påverka arbetstillfredsställelse, produktivitet och kvarhållande inom advokatbyråer och organisationer positivt. Advokater som prioriterar balans mellan arbete och privatliv är ofta mer fokuserade, motiverade och motståndskraftiga, vilket leder till bättre resultat för klienter och högre nivåer av kundnöjdhet. Att främja balansen mellan arbete och privatliv kan dessutom hjälpa advokatbyråer att attrahera och behålla topptalanger, odla en positiv arbetskultur och stärka deras rykte som föredragna arbetsgivare inom den juridiska branschen.

Låt oss nu ta itu med några vanliga utmaningar för att uppnå balans mellan arbete och privatliv inom advokatyrket. Juristarbetets krävande karaktär, i kombination med krav på fakturerbara timmar, klientkrav och snäva deadlines, kan göra det utmanande för advokater att prioritera sitt personliga välbefinnande. Dessutom kan kulturen av överansträngning och uppfattningen att långa timmar är lika med engagemang och framgång skapa press att prioritera arbete på bekostnad av det personliga livet. Dessutom kan förekomsten av teknik och distansarbete sudda ut gränserna mellan arbete och privatliv, vilket gör det svårt att koppla av och varva ner utanför arbetstid.

Låt oss betona vikten av självmedvetenhet och egenvård för att uppnå balans mellan arbete och privatliv. Att känna igen tecken på utbrändhet, stress och trötthet är avgörande för att ta proaktiva åtgärder för att prioritera välbefinnande. Advokater bör prioritera egenvårdsaktiviteter som ger näring åt deras fysiska, mentala och känslomässiga hälsa, oavsett om det handlar om att träna, utöva mindfulness, umgås med nära och kära eller utöva hobbyer och intressen utanför jobbet. Att söka stöd från kollegor, mentorer eller mentalvårdspersonal kan dessutom ge värdefull vägledning och resurser för att hantera stress och uppnå större balans i livet.

Sammanfattningsvis är balans mellan arbete och privatliv inte bara en lyx – det är en nödvändighet för att advokater ska trivas personligen och professionellt. Genom att prioritera välbefinnande, sätta gränser och odla egenvårdspraxis kan advokater uppnå större tillfredsställelse, motståndskraft och framgång i sina karriärer. Balans mellan arbete och privatliv handlar inte om att offra professionella ambitioner – det handlar om att vårda holistiskt välbefinnande och att hitta harmoni mellan arbete, privatliv och tillfredsställelse. När advokatkåren fortsätter att utvecklas kommer det att främja balansen mellan arbete och privatliv vara avgörande för att främja en kultur av hälsa, lycka och excellens inom advokatyrket.

Medvetenhet om mental hälsa: Att vårda välbefinnande i den juridiska gemenskapen

Välkommen till dialogen om medvetenhet om psykisk hälsa i rättssamfundet, där öppna samtal, stöd och resurser är avgörande för att främja välbefinnande och motståndskraft bland jurister och jurister. Psykisk hälsa är en viktig aspekt av det övergripande välbefinnandet, men ändå kan stigma, stress och det krävande juridiska arbetet utgöra betydande utmaningar för psykiskt välbefinnande. I den här diskussionen kommer vi att utforska vikten av medvetenhet om mental hälsa, strategier för att stödja psykisk välbefinnande och resurser tillgängliga för advokater som står inför utmaningar med psykisk hälsa.

Först och främst, låt oss erkänna vikten av mental hälsa. Advokater och jurister är inte immuna mot psykiska problem – i själva verket är juristkåren känd för att ha högre nivåer av stress, ångest, depression och missbruk jämfört med andra yrken. Att känna igen tecken på psykiska problem, minska stigmatisering och främja en kultur av öppenhet och stöd är avgörande för att främja mentalt välbefinnande och motståndskraft inom det juridiska samfundet.

Låt oss nu diskutera strategier för att stödja mental välbefinnande inom advokatkåren. Att bygga en stödjande arbetskultur som prioriterar välbefinnande är avgörande – detta kan innebära att erbjuda resurser och utbildning för mental hälsa, främja balansen mellan arbete och privatliv och ge tillgång till rådgivning och stödtjänster. Att skapa möjligheter för advokater att ansluta och dela sina erfarenheter, oavsett om det är genom kamratstödsgrupper, mentorprogram eller friskvårdsinitiativ, kan också bidra till att minska isoleringen och främja en känsla av gemenskap och tillhörighet.

Låt oss härnäst ta itu med de unika stressorer och utmaningar som advokater står inför som kan påverka mental hälsa. Juristarbetets krävande karaktär, höginsatsfall, fakturerbara timmarstryck och rättssystemets motståndskraft kan alla bidra till stress, oro och utbrändhet bland advokater. Dessutom kan kulturen av perfektionism, långa timmar och förväntan att alltid vara tillgänglig ytterligare förvärra psykiska problem. Att inse dessa utmaningar och vidta proaktiva åtgärder för att ta itu med dem är avgörande för att främja mentalt välbefinnande och motståndskraft inom advokatkåren.

Låt oss nu diskutera vikten av egenvård och motståndskraft för att upprätthålla mental välbefinnande. Att utöva egenvårdsaktiviteter som träning, mindfulness och hobbyer kan hjälpa advokater att hantera stress, bygga motståndskraft och förbättra det allmänna välbefinnandet. Att sätta gränser, prioritera balansen mellan arbete och privatliv och söka stöd från kollegor, mentorer eller mentalvårdspersonal kan också bidra till ökad motståndskraft och mental välbefinnande. Det är viktigt för advokater att prioritera sitt eget välbefinnande och inse att att söka hjälp är ett tecken på styrka, inte svaghet.

Låt oss betona vikten av att minska stigmatisering och främja öppna samtal om psykisk hälsa i rättssamfundet. Att bryta hinder för att söka hjälp och skapa en kultur där advokater känner sig bekväma med att diskutera psykiska problem är avgörande för att främja stöd och motståndskraft. Att tillhandahålla utbildning och träning om medvetenhet om mental hälsa, avstigmatisera psykisk ohälsa och främja initiativ för egenvård och välbefinnande kan alla bidra till att skapa en mer stödjande och inkluderande miljö för advokater som står inför utmaningar inom mental hälsa.

Sammanfattningsvis är medvetenhet om psykisk hälsa avgörande för att främja välbefinnande och motståndskraft inom advokatkåren. Genom att känna igen tecken på psykiska problem, minska stigmatisering och främja en kultur av öppenhet och stöd, kan vi skapa en juridisk gemenskap där advokater känner sig bemyndigade att prioritera sitt psykiska välbefinnande och söka hjälp när de behövs. Tillsammans kan vi bryta barriärer för psykisk vård, främja motståndskraft och skapa en hälsosammare och mer stödjande miljö för alla medlemmar av advokatkåren.

Fysisk hälsa: Vårdande välbefinnande i den juridiska resan

Välkommen till diskussionen om fysisk hälsa, en hörnsten för välbefinnande som är avgörande för advokater och jurister som navigerar efter kraven i sitt yrke. Även om det juridiska området ofta förknippas med mental skärpa och intellektuell skicklighet, är upprätthållande av fysisk hälsa lika viktigt för att upprätthålla energi, fokus och motståndskraft inför utmaningar. I den här dialogen kommer vi att utforska vikten av fysisk hälsa, strategier för att prioritera välbefinnande och fördelarna med att integrera hälsosamma vanor i den juridiska resan.

Först och främst, låt oss erkänna betydelsen av fysisk hälsa. Advokater och jurister lever hektiska liv fyllda med långa timmar, krävande deadlines och pressade situationer. I denna fartfyllda miljö är det lätt att försumma fysiskt välbefinnande till förmån för arbetsåtaganden. Att prioritera fysisk hälsa är dock avgörande för att upprätthålla energinivåer, mental klarhet och övergripande vitalitet, vilket är avgörande för framgång och tillfredsställelse inom advokatyrket.

Låt oss nu diskutera strategier för att prioritera fysiskt välbefinnande i den juridiska resan. Regelbunden träning, näringsrik mat, tillräcklig sömn och stresshantering är grundpelare för fysisk hälsa som advokater kan införliva i sin dagliga rutin. Att hitta tid för fysisk aktivitet, oavsett om det är att gå på en promenad, utöva yoga eller gå till gymmet, kan hjälpa advokater att hantera stress, öka humöret och förbättra den allmänna hälsan. På samma sätt är det viktigt att göra hälsosamma matval, hålla sig hydrerad och prioritera sömn för att upprätthålla energinivåer och optimera kognitiva funktioner.

Låt oss härnäst ta itu med de unika utmaningar som advokater står inför när det gäller att upprätthålla fysisk hälsa. Den krävande karaktären av juridiskt arbete, långa arbetsdagar och stillasittande livsstil kan ta en vägtull på fysiskt välbefinnande, vilket leder till problem som dålig hållning, ryggsmärtor och kronisk stress. Dessutom kan kulturen av överansträngning och pressen att prioritera arbete framför allt göra det utmanande för jurister att prioritera egenvård och avsätta tid för hälsosamma vanor. Att inse dessa utmaningar och vidta proaktiva åtgärder för att ta itu med dem är avgörande för att främja fysiskt välbefinnande inom advokatbranschen.

Låt oss nu diskutera fördelarna med att integrera hälsosamma vanor i den juridiska resan. Att prioritera fysisk hälsa förbättrar inte bara det övergripande välbefinnandet utan ökar också produktivitet, fokus och motståndskraft inför utmaningar. Regelbunden träning har visat sig minska stress, öka humöret och förbättra kognitiv funktion – allt detta är avgörande för framgång inom advokatyrket. På samma sätt kan näringsrikt ätande, tillräcklig sömn och stresshanteringstekniker hjälpa advokater att upprätthålla energinivåer, mental klarhet och övergripande vitalitet, vilket gör att de kan prestera på sitt bästa både personligt och professionellt.

Låt oss betona vikten av egenvård och balans för att upprätthålla fysisk hälsa. Advokater prioriterar ofta sina klienters behov och kraven i deras arbete framför deras eget välbefinnande, men att försumma egenvård kan i slutändan undergräva prestation och leda till utbrändhet. Att hitta balans, sätta gränser och göra tid för egenvårdsaktiviteter är avgörande för att upprätthålla fysisk hälsa och allmänt välbefinnande. Det är viktigt för advokater att prioritera sitt eget välbefinnande och inse att det inte är självviskt att ta hand om sig själva – det är avgörande för långsiktig framgång och tillfredsställelse inom advokatyrket.

Sammanfattningsvis är fysisk hälsa en viktig del av välbefinnande som är avgörande för framgång och tillfredsställelse inom advokatyrket. Genom att prioritera sunda vanor, hitta balans och göra egenvård till en prioritet kan advokater upprätthålla energinivåer, öka motståndskraften och prestera på sitt bästa både personligt och professionellt. Att integrera fysiskt välbefinnande i den juridiska resan förbättrar inte bara individuellt välbefinnande utan bidrar också till en hälsosammare, mer levande juridisk gemenskap som helhet.

Prestandarecensioner: Vårda tillväxt och excellens i juridisk praxis

Prestationsrecensioner är en viktig del av professionell utveckling inom juristbranschen, och ger värdefull feedback, vägledning och möjligheter till tillväxt och förbättring. Dessa strukturerade utvärderingar tillåter advokater att reflektera över sina prestationer, identifiera områden för utveckling och sätta upp mål för framtiden. I den här omfattande diskussionen kommer vi att undersöka vikten av prestationsgranskningar, bästa praxis för att genomföra granskningar och de fördelar de erbjuder för både advokater och advokatbyråer.

Låt oss först och främst diskutera betydelsen av prestationssamtal inom advokatkåren. Prestationsgranskningar fungerar som en formell mekanism för att utvärdera advokaters prestationer, ge feedback om deras styrkor, förbättringsområden och övergripande bidrag till företaget eller organisationen. Dessa granskningar erbjuder ett strukturerat ramverk för att bedöma prestationer mot fastställda kriterier, främja ansvarsskyldighet och främja kontinuerligt lärande och utveckling. Genom att tillhandahålla en plattform för öppen dialog och konstruktiv feedback ger prestationsrecensioner advokater möjlighet att växa, utmärka sig och nå sin fulla potential i sina juridiska karriärer.

Låt oss nu fördjupa oss i nyckelkomponenterna i effektiva prestandarecensioner. En väl avrundad prestationsgranskning inkluderar vanligtvis en bedömning av olika aspekter av en advokats arbete, såsom juridisk kunskap och expertis, kundservice och kommunikationsförmåga, lagarbete och samarbete och efterlevnad av fasta värderingar och policyer. Granskningar kan också ta hänsyn till faktorer som fakturerbara timmar, ärendehantering, affärsutvecklingsinsatser och bidrag till företagskultur och samhällsengagemang. Genom att utvärdera prestanda över dessa dimensioner kan företag ge omfattande feedback som tar upp både tekniska kompetenser och interpersonella färdigheter som är nödvändiga för framgång inom advokatyrket.

Låt oss härnäst diskutera bästa praxis för att genomföra prestationsrecensioner. Förberedelser är nyckeln – chefer bör samla in relevant information och dokumentation, såsom ärenderesultat, kundfeedback och faktureringsuppgifter, för att informera granskningen. Granskningar bör genomföras i tid, så att det finns tillräckligt med tid för reflektion, diskussion och målsättning. Feedback bör vara specifik, konstruktiv och handlingsbar, med fokus på beteenden och resultat snarare än personliga egenskaper. Det är också viktigt att skapa en stödjande och icke-hotande miljö som uppmuntrar öppen kommunikation och samarbete mellan granskare och granskare. Slutligen bör prestationsöversikter inte vara en engångshändelse utan snarare en pågående process som sker regelbundet under hela året, vilket möjliggör kontinuerlig återkoppling och justering vid behov.

Låt oss nu utforska fördelarna med prestationsrecensioner för advokater och advokatbyråer. För advokater erbjuder prestationsöversikter värdefulla insikter om deras styrkor och områden för tillväxt, vilket hjälper dem att identifiera möjligheter till kompetensutveckling och karriäravancemang. Recensioner kan också fungera som en plattform för att erkänna prestationer och fira framgångar, öka moralen och motivationen. För advokatbyråer gör prestationsöversikter det möjligt för företag att bedöma den övergripande hälsan och effektiviteten hos sina juridiska team, identifiera talangklyftor och behov av successionsplanering, och anpassa individuella prestationer till organisationens mål och prioriteringar. Genom att investera i resultatgranskningar kan företag odla en kultur av spetskompetens, ansvarighet och ständiga förbättringar som driver framgång och konkurrensfördelar på den juridiska marknaden.

Låt oss ta itu med vanliga utmaningar och överväganden när vi genomför prestationsöversikter. En utmaning är att säkerställa konsekvens och rättvisa över granskningar, särskilt i företag med flera granskare eller varierande granskningsprocesser. Att ge utbildning och vägledning till granskare kan hjälpa till att standardisera granskningsprocessen och minimera partiskhet eller subjektivitet. Ett annat övervägande är att hantera förväntningar och ta itu med potentiella områden av oenighet eller konflikt mellan granskare och granskare. Öppen kommunikation, aktivt lyssnande och en vilja att söka gemensamma grunder kan hjälpa till att navigera i dessa utmaningar och främja en konstruktiv granskningsprocess.

Sammanfattningsvis spelar prestationsöversikter en avgörande roll för att främja tillväxt och spetskompetens inom advokatbranschen. Genom att ge strukturerad feedback, vägledning och utvecklingsmöjligheter ger prestationsgranskningar advokater möjlighet att maximera sin potential och bidra till framgången för deras företag eller organisationer. Genom att ta till sig bästa praxis, ta itu med utmaningar och prioritera fortlöpande feedback och utveckling, kan företag utnyttja prestationsgranskningar som ett kraftfullt verktyg för att främja en kultur av spetskompetens, ansvarsskyldighet och ständiga förbättringar inom advokatbranschen.

Marknadsföring och karriärtillväxt: Navigera vägen till framgång i advokatyrket

Marknadsföring och karriärtillväxt är betydande milstolpar inom advokatbranschen, som representerar ett erkännande av en advokats prestationer, bidrag och potential för avancemang. Att navigera vägen till framgång inom advokatyrket kräver en kombination av hårt arbete, strategisk planering och kontinuerligt lärande och utveckling. I denna omfattande diskussion kommer vi att utforska faktorerna som bidrar till befordran och karriärtillväxt, strategier för att avancera inom advokatyrket och möjligheterna för advokater att uppnå sina professionella mål.

Låt oss först och främst diskutera de faktorer som bidrar till befordran och karriärtillväxt inom advokatyrket. Även om de specifika kriterierna för avancemang kan variera beroende på företaget, praktikområdet och individuella karriärmål, finns det flera vanliga faktorer som ofta beaktas vid befordransbeslut. Dessa kan inkludera juridisk expertis och kompetens, visat ledarskap och initiativ, klientutveckling och affärsgenerering, lagarbete och samarbete och efterlevnad av fasta värderingar och policys. Advokater som utmärker sig inom dessa områden och visar ett engagemang för kontinuerligt lärande och professionell utveckling är ofta väl positionerade för befordran och karriäravancemang.

Låt oss nu fördjupa oss i strategier för att avancera inom advokatyrket och positionera sig för befordran. Att bygga en stark grund av juridisk kunskap och expertis är viktigt – advokater bör fokusera på att finslipa sina färdigheter, behärska sitt yrkesområde och hålla sig à jour med utvecklingen inom juridik. Att ta på sig utmanande uppdrag, söka möjligheter till professionell tillväxt och visa en vilja att ta på sig ledarroller kan också öka synlighet och trovärdighet inom företaget eller organisationen. Dessutom kan investeringar i nätverk och relationsbyggande, både inom företaget och med kunder och branschkontakter, hjälpa advokater att utöka sin inflytandesfär och skapa möjligheter för karriärtillväxt.

Låt oss härnäst utforska rollen som mentorskap och sponsring i karriärutvecklingen. Att ha mentorer och sponsorer som ger vägledning, stöd och opinionsbildning kan vara avgörande för att navigera vägen till befordran och karriärtillväxt. Mentorer kan erbjuda värdefulla insikter, råd och feedback baserat på sina egna erfarenheter och expertis, och hjälper advokater att navigera i utmaningar, identifiera möjligheter och fatta välgrundade karriärbeslut. Sponsorer, å andra sidan, är inflytelserika individer inom företaget eller organisationen som aktivt stödjer och främjar karriärutvecklingen för sina skyddslingar, förespråkar dem i befordransbeslut och ger tillgång till viktiga möjligheter och nätverk. Att odla meningsfulla relationer med mentorer och sponsorer kan vara en kraftfull katalysator för karriärutveckling och professionell framgång inom advokatyrket.

Låt oss nu diskutera vikten av kontinuerligt lärande och professionell utveckling för att avancera inom advokatyrket. Det juridiska landskapet utvecklas ständigt, med nya lagar, förordningar och juridiska trender som dyker upp regelbundet. Advokater som prioriterar fortlöpande lärande och utveckling, oavsett om det sker genom formella utbildningsprogram, fortbildningskurser eller självstyrda studier, är bättre rustade att anpassa sig till förändringar, ligga före kurvan och utmärka sig i sin praktik. Dessutom kan att bedriva professionella certifieringar, specialiseringar eller avancerade grader förbättra expertis, trovärdighet och säljbarhet, vilket öppnar upp nya möjligheter för karriärtillväxt och avancemang.

Låt oss ta itu med vanliga utmaningar och överväganden när vi strävar efter befordran och karriärtillväxt inom advokatbranschen. En utmaning är att hantera förväntningar och tidslinjer för avancemang – marknadsföringsbeslut kan påverkas av faktorer som företagskultur, marknadsförhållanden och individuella prestationer, och kanske inte alltid är i linje med advokaternas önskade tidslinjer. Tålamod, uthållighet och fokus på långsiktiga mål är avgörande för att navigera i dessa utmaningar och hålla sig motiverad på vägen till avancemang. Dessutom bör advokater vara proaktiva när det gäller att söka feedback, identifiera förbättringsområden och ta ansvar för sin karriärutveckling, snarare än att vänta på möjligheter att komma till dem.

Sammanfattningsvis är befordran och karriärtillväxt betydande milstolpar inom advokatbranschen, som representerar ett erkännande av en advokats prestationer, bidrag och potential för avancemang. Genom att fokusera på att bygga expertis, visa ledarskap, odla relationer och prioritera kontinuerligt lärande och utveckling kan advokater positionera sig för framgång och skapa möjligheter till avancemang i sina juridiska karriärer. Genom att anamma strategisk planering, uthållighet och ett engagemang för spetskompetens kan advokater navigera vägen till befordran och uppnå sina professionella mål inom juridikens dynamiska och givande område.

Bygg upp din praxis: Strategier för framgång i juridiskt entreprenörskap

Att bygga en framgångsrik juridisk praxis kräver mer än bara juridisk expertis – det kräver entreprenöriell vision, strategisk planering och ett engagemang för kundservice och affärsutveckling. I den här omfattande diskussionen kommer vi att utforska nyckelkomponenterna för att bygga en framgångsrik juridisk praxis, från att definiera din nisch och attrahera kunder till att hantera verksamheten och främja tillväxt.

Först och främst, låt oss diskutera vikten av att definiera din nisch och identifiera din målmarknad. Genom att specialisera dig på ett specifikt rättsområde kan du skilja dig från konkurrenterna, etablera expertis och attrahera kunder som söker specialiserade tjänster. Tänk på dina styrkor, intressen och erfarenheter när du definierar din nisch, och undersök marknadstrender och kundbehov för att identifiera möjligheter till tillväxt. Genom att fokusera din praktik på en specifik nisch eller bransch kan du positionera dig själv som en pålitlig rådgivare och go-to-expert inom ditt område.

Låt oss nu fördjupa oss i strategier för att attrahera kunder och bygga upp en kundbas. Nätverksarbete och relationsbyggande är viktigt – delta i branschevenemang, gå med i professionella föreningar och delta i nätverksgrupper för att utöka din räckvidd och få kontakt med potentiella kunder och hänvisningskällor. Att etablera en onlinenärvaro via en professionell webbplats, blogg eller sociala medier kan också bidra till att öka medvetenheten om dina tjänster och locka kunder som söker efter juridisk representation. Att erbjuda mervärdestjänster, såsom utbildningsseminarier eller kostnadsfria konsultationer, kan dessutom hjälpa till att bygga upp förtroende och trovärdighet hos potentiella kunder och skilja din praktik från konkurrenterna.

Låt oss härnäst diskutera vikten av kundservice och tillfredsställelse för att bygga en framgångsrik juridisk praxis. Att tillhandahålla exceptionell kundservice är nyckeln till att attrahera och behålla kunder och generera positiva mun-till-mun-hänvisningar. Kommunicera tydligt och snabbt med klienter, hantera förväntningar effektivt och håll klienterna informerade under hela den juridiska processen. Lyssna aktivt på deras oro, visa empati och förståelse och gå utöver deras förväntningar. Genom att prioritera kundnöjdhet och leverera resultat kan du bygga upp ett rykte om excellens och tjäna dina kunders förtroende och lojalitet.

Låt oss nu utforska strategier för att hantera verksamheten och främja tillväxt i din juridiska verksamhet. Implementering av effektiva system och processer, såsom ärendehanteringsprogram, faktureringssystem och dokumentautomatiseringsverktyg, kan hjälpa till att effektivisera arbetsflöden, förbättra produktiviteten och förbättra kundservicen. Att investera i professionell utveckling och fortbildning kan också hjälpa dig att ligga steget före industritrender, utöka din kompetens och ge mervärde till dina kunder. Överväg dessutom strategiska partnerskap eller samarbeten med andra yrkesverksamma eller företag för att utöka dina tjänsteerbjudanden, nå nya marknader och dra nytta av tillväxtmöjligheter.

Låt oss ta itu med vanliga utmaningar och överväganden när vi bygger upp en juridisk praxis. En utmaning är att hantera tid och resurser effektivt – att starta och utveckla en praktik kräver betydande tid, ansträngning och investeringar, och det är viktigt att prioritera aktiviteter som ger högst avkastning på investeringen. Att bygga en hållbar kundbas tar tid, tålamod och uthållighet, och det är viktigt att vara fokuserad på långsiktiga mål samtidigt som du navigerar i upp- och nedgångar i entreprenörskap. Dessutom är det viktigt att vara anpassningsbar och lyhörd för förändrade marknadsförhållanden, kundbehov och branschtrender för att förbli konkurrenskraftig och relevant i det ständigt föränderliga juridiska landskapet.

Sammanfattningsvis, att bygga en framgångsrik juridisk praxis kräver en kombination av juridisk expertis, entreprenörsanda och kundfokuserad service. Genom att definiera din nisch, attrahera kunder, tillhandahålla exceptionell service och hantera verksamheten effektivt, kan du skapa en blomstrande praxis som levererar värde till kunder och genererar långsiktig framgång. Genom att omfamna strategisk planering, kontinuerligt lärande och ett engagemang för excellens kan du bygga en juridisk praxis som inte bara möter dina kunders behov utan också uppfyller dina professionella ambitioner och bidrar till din personliga och ekonomiska framgång.

Övergång till partnerskap: Navigera vägen till ledarskap i advokatyrket

Övergången till partnerskap är en viktig milstolpe inom advokatbranschen, som representerar ett erkännande av en advokats bidrag, ledarskap och potential för långsiktig framgång inom företaget. Denna övergång kräver noggrann planering, strategiskt beslutsfattande och ett engagemang för excellens i juridisk praxis och kundservice. I denna omfattande diskussion kommer vi att utforska stegen som är involverade i övergången till partnerskap, överväganden för blivande partners och strategier för att nå framgång i denna nya roll.

Låt oss först och främst diskutera kriterierna för partnerskap och de faktorer som företagen beaktar när de utvärderar kandidater för partnerskap. Även om de specifika kriterierna kan variera beroende på företagets storlek, verksamhetsområden och kultur, inkluderar vanliga faktorer ofta juridisk expertis och kompetens, affärsutveckling och kundskapande, ledarskap och initiativ, lagarbete och samarbete samt efterlevnad av företagets värderingar och policys. Advokater som utmärker sig inom dessa områden och visar en meritlista av framgång och potential för framtida ledarskap anses ofta vara starka kandidater för partnerskap.

Låt oss nu fördjupa oss i stegen som är involverade i övergången till partnerskap. Resan till partnerskap börjar vanligtvis med en formell utvärderingsprocess, under vilken kandidater bedöms baserat på deras prestationer, bidrag och potential för ledarskap inom företaget. Detta kan innebära en genomgång av fakturerbara timmar, klientutvecklingsinsatser, ärenderesultat och bidrag till företagskultur och samhällsengagemang. Kandidater kan också krävas för att visa sitt engagemang för företagets värderingar och mål och att genomgå intervjuer eller utvärderingar av företagets lednings- eller partnerskapskommittéer.

Låt oss härnäst diskutera överväganden för blivande partners och strategier för att förbereda för partnerskap. Det är viktigt att bygga en stark grund av juridisk expertis och kundrelationer – advokater bör fokusera på att finslipa sina färdigheter, bemästra sitt praktikområde och odla relationer med kunder och remisskällor. Dessutom kan visa ledarskap och initiativ inom företaget, såsom mentorskap för juniora advokater, delta i företagskommittéer och bidra till fasta initiativ, öka synlighet och trovärdighet och positionera advokater för partnerskap.

Slutligen är det viktigt för blivande partners att kommunicera sitt intresse för partnerskap till ett fast ledarskap, söka feedback och vägledning och aktivt sträva efter möjligheter till tillväxt och utveckling inom företaget.

Låt oss nu undersöka fördelarna och ansvaret med partnerskap inom advokatbranschen. Partnerskap ger advokater en känsla av ägarskap, autonomi och kontroll över sin praktik, samt tillgång till fasta resurser, stöd och möjligheter till professionell tillväxt och avancemang. Partners är också ansvariga för företagsledning, beslutsfattande och strategisk planering, och har ett egenintresse av företagets framgång och lönsamhet. Partnerskap för dessutom med sig ökad prestige, erkännande och intjäningspotential, såväl som möjligheten att forma företagets framtida riktning och kultur.

Låt oss ta itu med gemensamma utmaningar och överväganden vid övergången till partnerskap. En utmaning är att hantera förväntningar och tidslinjer för partnerskap – medan vissa advokater kan vara på snabb väg mot partnerskap, kan andra behöva visa sitt engagemang och sin förmåga under en längre tidsperiod. Det är viktigt för blivande partners att vara tålmodiga, uthålliga och proaktiva när det gäller att nå sina mål och söka feedback och vägledning från företagets ledarskap. Dessutom kräver övergången till partnerskap en vilja att ta på sig ökat ansvar, hantera risker och anpassa sig till ledarskapets krav, vilket kan kräva ytterligare utbildning, stöd och resurser.

Sammanfattningsvis är övergången till partnerskap en viktig milstolpe inom advokatbranschen, som representerar ett erkännande av en advokats bidrag, ledarskap och potential för långsiktig framgång inom företaget. Genom att fokusera på juridisk excellens, kundservice och ledarskap kan blivande partners positionera sig för framgång och ge meningsfulla bidrag till deras företags tillväxt och framgång. Genom att anamma strategisk planering, kontinuerligt lärande och ett engagemang för spetskompetens kan advokater navigera vägen till partnerskap och uppnå sina professionella mål inom det dynamiska och givande juridikområdet.

Teknik i juridik: Utnyttja innovation för juridisk excellens

Tekniken har revolutionerat juridik, vilket ger advokater möjlighet att arbeta mer effektivt, kommunicera effektivt och leverera exceptionell service till kunder. Från dokumentautomation och e-discovery till artificiell intelligens och molnbaserade plattformar, tekniska innovationer förändrar varje aspekt av juridisk praxis. I den här omfattande diskussionen kommer vi att utforska teknologins roll i advokatbranschen, dess inverkan på juridisk praxis och kundservice, och de möjligheter och utmaningar som det innebär för advokater och advokatbyråer.

Låt oss först och främst diskutera betydelsen av teknik inom advokatbranschen. Tekniken har blivit en integrerad del av modern juridisk praxis, vilket gör det möjligt för advokater att effektivisera arbetsflöden, hantera ärenden mer effektivt och leverera bättre resultat för klienter. Från juridisk forskning och ärendehantering till utarbetande av dokument och kundkommunikation, teknikverktyg och plattformar förbättrar effektivitet, produktivitet och samarbete inom advokatbyråer och organisationer. Genom att utnyttja tekniken kan advokater arbeta smartare, inte hårdare, och fokusera sin tid och resurser på att leverera värdeskapande tjänster och strategisk rådgivning till kunder.

Låt oss nu fördjupa oss i teknikens inverkan på juridisk praxis och kundservice. En av de viktigaste fördelarna med teknik är dess förmåga att automatisera rutinuppgifter och processer, såsom dokumentgranskning, kontraktsutformning och ärendeanalys, vilket frigör advokater att fokusera på mer värdefullt arbete och strategiskt beslutsfattande. Dessutom gör tekniken det möjligt för advokater att få tillgång till stora mängder juridisk information och data, vilket gör att de kan utföra omfattande juridisk forskning, analysera rättspraxis och prejudikat och fatta mer välgrundade beslut på uppdrag av sina klienter. Dessutom underlättar teknik kommunikation och samarbete mellan juridiska team och klienter, vilket möjliggör samarbete i realtid, säker fildelning och virtuella möten, oavsett geografisk plats eller tidszon.

Låt oss härnäst diskutera de möjligheter och utmaningar som tekniken erbjuder för advokater och advokatbyråer. Å ena sidan erbjuder teknologin enorma möjligheter för innovation, effektivitet och tillväxt inom advokatbranschen. Genom att anamma tekniska framsteg kan advokater förbättra kundservicen, förbättra den operativa effektiviteten och få en konkurrensfördel på marknaden. Tekniken gör det dessutom möjligt för advokater att utöka sin räckvidd, attrahera nya kunder och tillhandahålla juridiska tjänster mer överkomligt och bekvämt än någonsin tidigare. Å andra sidan innebär tekniken också utmaningar, såsom datasäkerhet och integritetsproblem, etiska överväganden relaterade till användningen av artificiell intelligens och maskininlärning, och behovet av fortlöpande utbildning och utbildning för att hålla jämna steg med tekniska framsteg.

Låt oss nu utforska specifika exempel på tekniska verktyg och plattformar som förändrar juridisk praxis. Programvara för dokumentautomatisering, såsom kontraktshanteringssystem och elektroniska signaturplattformar, effektiviserar utarbetandet och utförandet av juridiska dokument, vilket sparar tid och minskar antalet fel. E-upptäckt och dataanalysverktyg gör det möjligt för advokater att sålla igenom stora volymer elektroniska bevis, identifiera relevant information och fatta strategiska beslut i rättstvister och utredningar. Öva hanteringsprogramvara, inklusive ärendehantering och faktureringssystem, centraliserar kundinformation, spårar fakturerbara timmar och effektiviserar administrativa uppgifter, förbättrar effektiviteten och kundservicen. Dessutom revolutionerar artificiell intelligens och bearbetningsteknologier för naturligt språk juridisk forskning och analys, vilket gör det möjligt för advokater att snabbt hitta relevant rättspraxis, stadgar och förordningar och ta fram insikter för att stödja deras juridiska argument och strategier.

Låt oss ta itu med vanliga utmaningar och överväganden när det gäller att anta och integrera teknik i juridisk praxis. En utmaning är att säkerställa datasäkerhet och konfidentialitet, särskilt när man använder molnbaserade plattformar och lagrar känslig kundinformation online. Advokater måste vidta proaktiva åtgärder för att skydda klientdata, såsom att implementera kryptering, åtkomstkontroller och multifaktorautentisering, och följa dataskyddsbestämmelser och etiska skyldigheter relaterade till klientens konfidentialitet. Dessutom måste advokater hålla sig informerade om framväxande teknologier och trender i det juridiska tekniska landskapet och vara beredda att anpassa och utveckla sina metoder i enlighet med detta för att förbli konkurrenskraftiga och relevanta i den digitala tidsåldern.

Sammanfattningsvis har teknologin förändrat juridik, vilket ger advokater möjlighet att arbeta mer effektivt, kommunicera effektivt och leverera exceptionell service till kunder. Genom att anamma tekniska innovationer kan advokater öka produktiviteten, effektivisera arbetsflöden och få en konkurrensfördel på marknaden. Men att anta och integrera teknik i juridisk praxis kräver noggrant övervägande av möjligheter och utmaningar, såväl som ett engagemang för pågående lärande och anpassning. Genom att utnyttja tekniken på ett ansvarsfullt och etiskt sätt kan advokater utnyttja innovationskraften för att driva framgång och excellens inom det dynamiska och föränderliga juridikområdet.

Pro Bono Work: Serving Justice and Strengthening Communities

Pro bono arbete, eller tillhandahållande av juridiska tjänster till individer och organisationer i behov på frivillig basis, är en hörnsten i advokatkårens engagemang för tillgång till rättvisa och offentliga tjänster. Genom pro bono-arbete kan advokater göra en meningsfull inverkan på livet för undertjänade individer, marginaliserade samhällen och ideella organisationer, samtidigt som de upprätthåller principerna om rättvisa, jämlikhet och rättvisa. I denna omfattande diskussion kommer vi att utforska vikten av pro bono-arbete, dess inverkan på både advokater och samhället, och strategier för att engagera sig i pro bono-service effektivt och etiskt.

Låt oss först och främst diskutera vikten av pro bono-arbete inom advokatbranschen. Pro bono-arbete spelar en avgörande roll för att utöka tillgången till rättvisa för dem som inte har råd med juridisk representation, inklusive låginkomsttagare, invandrare, offer för våld i hemmet och andra som står inför juridiska utmaningar. Genom att tillhandahålla gratis eller billiga juridiska tjänster till underbetjänade befolkningar, kan advokater hjälpa till att jämna villkoren, skydda grundläggande rättigheter och säkerställa att rättvisa är tillgänglig för alla, oavsett socioekonomisk status eller bakgrund. Pro bono-arbete är också i linje med advokaters etiska skyldigheter och professionella ansvar för att tjäna allmänhetens intresse och främja rättsstatsprincipen.

Låt oss nu fördjupa oss i hur pro bono-arbete påverkar både advokater och samhället. För advokater erbjuder pro bono-arbete möjligheter till personlig och professionell tillväxt, kompetensutveckling och tillfredsställelse. Genom att engagera sig i pro bono-tjänster kan advokater bredda sin juridiska expertis, skaffa praktisk erfarenhet och göra en påtaglig skillnad i andras liv. Pro bono-arbete stärker också advokatkårens anseende och engagemang för socialt ansvar, vilket ökar allmänhetens förtroende och förtroende för rättssystemet. För samhället bidrar pro bono-arbete till det större bästa genom att tillgodose otillfredsställda juridiska behov, främja social rättvisa och främja jämlikhet och rättvisa enligt lagen. Genom att frivilligt ställa sin tid och sina talanger för att hjälpa de behövande spelar advokater en viktig roll för att stärka samhällen, stärka individer och främja det gemensamma bästa.

Låt oss härnäst diskutera strategier för att engagera sig i pro bono-tjänster effektivt och etiskt. En strategi är att identifiera behovsområden och möjligheter för pro bono-arbete inom ditt samhälle eller juridisk praxis. Det kan handla om att samarbeta med rättshjälpsorganisationer, ideella organ eller advokatsamfund som samordnar pro bono-program och initiativ, eller att söka upp enskilda ärenden eller projekt som ligger i linje med dina intressen och expertis. Dessutom är det viktigt att fastställa tydliga gränser och förväntningar för pro bono engagemang, inklusive att definiera omfattningen av tjänster, hantera kundernas förväntningar och fördela resurser effektivt för att säkerställa kvalitetsrepresentation. Slutligen bör advokater prioritera pågående kommunikation, samarbete och stöd från kollegor, mentorer och pro bono-koordinatorer för att maximera effekten och effektiviteten av deras pro bono-insatser.

Låt oss ta itu med vanliga missuppfattningar och utmaningar i samband med pro bono-arbete. En missuppfattning är att pro bono-arbete endast är till för advokater med specialiserad expertis eller resurser. I verkligheten kan advokater med alla bakgrunder och yrkesområden bidra till pro bono-service, antingen genom att tillhandahålla direkt juridisk representation, erbjuda juridisk rådgivning och rådgivning eller delta i opinionsbildning och politiska initiativ. En annan utmaning är att hitta tid att balansera pro bono-arbete med fakturerbart klientarbete och andra professionella åtaganden. Även om pro bono-arbete kräver tid och engagemang, kan advokater integrera pro bono-tjänster i sin verksamhet genom att prioritera möjligheter som ligger i linje med deras intressen och schema, och genom att utnyttja resurser och stöd från deras företag eller organisation.

Sammanfattningsvis är pro bono-arbete ett viktigt uttryck för advokatkårens engagemang för tillgång till rättvisa, offentliga tjänster och socialt ansvar. Genom att frivilligt lägga sin tid och sina talanger för att hjälpa de behövande kan advokater göra en meningsfull inverkan på individer, samhällen och samhället som helhet. Genom pro bono-arbete upprätthåller advokater principerna om rättvisa, jämlikhet och rättvisa, och bidrar till ett mer rättvist och rättvist rättssystem för alla. Genom att anamma pro bono-service som ett kärnvärde och professionellt ansvar kan advokater hjälpa till att säkerställa att löftet om rättvisa är tillgängligt för alla, oavsett deras förmåga att betala.

Global Legal Practices: Navigera i komplexiteten i internationell rätt

Global juridisk praxis omfattar ett brett utbud av juridiska tjänster och aktiviteter som överskrider nationella gränser och betjänar kunder med olika behov och intressen i en alltmer sammankopplad värld. Från multinationella företag och internationella organisationer till individer och regeringar, kunder söker juridisk rådgivning och representation i en mängd olika gränsöverskridande frågor, inklusive internationell handel, investeringar, immigration och mänskliga rättigheter. I denna omfattande diskussion kommer vi att utforska karaktären av globala juridiska praxis, de utmaningar och möjligheter de innebär för advokater och strategier för att navigera i komplexiteten i internationell rätt.

Låt oss först och främst diskutera arten av global juridisk praxis och vilka typer av tjänster de erbjuder. Global juridisk praxis omfattar ett brett spektrum av juridiska tjänster, inklusive transaktionsarbete, tvistlösning, regelefterlevnad och rådgivningstjänster, bland annat. Advokater som arbetar med globala juridiska praxis kan specialisera sig på olika områden av internationell rätt, såsom internationell handel och investeringar, bolags- och handelsrätt, skiljeförfarande och tvistlösning, mänskliga rättigheter och humanitär rätt, eller gränsöverskridande tvister och verkställighet. Dessa advokater ger råd till klienter i ett brett spektrum av gränsöverskridande frågor, inklusive fusioner och förvärv, joint ventures, gränsöverskridande transaktioner, skydd av immateriella rättigheter, regelefterlevnad och internationella tvister.

Låt oss nu fördjupa oss i de utmaningar och möjligheter som global juridisk praxis erbjuder. En utmaning är att navigera i folkrättens komplexitet, vilket kan innebära att navigera i olika rättssystem, språk, kulturer och regelverk över flera jurisdiktioner. Advokater måste ha starka analytiska färdigheter, kulturell kompetens och tvärkulturell kommunikationsförmåga för att effektivt representera klienter i globala juridiska frågor. Dessutom kräver global juridisk praxis att advokater håller sig à jour med utvecklingen inom internationell rätt, globala trender och nya frågor som kan påverka deras klienters intressen och verksamhet. Detta kräver fortlöpande utbildning, utbildning och professionell utveckling för att upprätthålla expertis och kompetens inom området.

Låt oss härnäst diskutera strategier för att navigera i komplexiteten i internationell rätt och bygga en framgångsrik global juridisk praxis. En strategi är att utveckla en djup förståelse för de rättsliga och regelverk som styr internationella transaktioner och tvister, inklusive internationella fördrag, konventioner och internationell sedvanerätt. Advokater bör också odla relationer med lokala rådgivare, experter och intressenter i viktiga jurisdiktioner för att ge kunderna omfattande juridisk rådgivning och representation. Dessutom bör advokater utnyttja teknik och resurser, såsom juridiska forskningsdatabaser, språköversättningsverktyg och internationella juridiska nätverk, för att få tillgång till information, samarbeta med kollegor och betjäna kunder effektivt och effektivt över gränserna.

Låt oss ta itu med vanliga missuppfattningar och utmaningar i samband med global juridisk praxis. En missuppfattning är att global juridisk praxis endast är till för stora, multinationella advokatbyråer eller advokater med lång internationell erfarenhet. I verkligheten kan advokater med alla bakgrunder och yrkesområden engagera sig i global juridisk praxis, antingen genom att representera multinationella företag, ge råd till individer om gränsöverskridande transaktioner eller förespråka mänskliga rättigheter och social rättvisa på den internationella scenen. En annan utmaning är att säkerställa efterlevnad av lokala lagar och förordningar i flera jurisdiktioner, vilket kan kräva samordning med lokala rådgivare, statliga myndigheter och tillsynsmyndigheter för att navigera i komplexa juridiska miljöer och minimera juridiska risker för klienter.

Sammanfattningsvis spelar global juridisk praxis en avgörande roll för att tjäna kunders olika behov och intressen i en alltmer sammankopplad värld. Genom att tillhandahålla juridisk rådgivning och representation i gränsöverskridande frågor hjälper global juridisk praxis klienter att navigera i komplexiteten i internationell rätt, utöka sitt globala fotavtryck och uppnå sina affärsmål och juridiska mål. Advokater som arbetar inom global juridisk praxis måste ha starka analytiska färdigheter, kulturell kompetens och tvärkulturell kommunikationsförmåga för att effektivt representera klienter i globala juridiska frågor. Genom att anamma utmaningarna och möjligheterna med global juridisk praxis kan advokater göra en meningsfull inverkan på individer, organisationer och samhällen runt om i världen, främja rättvisa, rättvisa och rättsstatsprincipen på en global skala.

Slutsats

Sammanfattningsvis är juristprofessionen ett dynamiskt och mångfacetterat område som omfattar ett brett spektrum av praktikområden, specialiteter och roller. Från blivande juriststudenter som ger sig in på sin juridiska utbildningsresa till erfarna advokater som navigerar i komplexa juridiska frågor och globala utmaningar, advokatyrket erbjuder möjligheter till tillväxt, lärande och genomslag i varje skede av ens karriär.

Under den här omfattande diskussionen har vi utforskat nyckelämnen och teman som är relevanta för både blivande och praktiserande advokater, inklusive juridisk utbildning, karriärutveckling, professionell etik och teknologins roll i juridik. Vi har diskuterat vikten av grundläggande färdigheter som juridisk forskning och skrivande, klientkommunikation och rättssalsetikett, såväl som mer avancerade ämnen som förhandlingsteknik, bygga ett professionellt nätverk och övergång till partnerskap.

Vi har också undersökt det bredare sammanhanget för juridisk praxis, inklusive effekterna av globaliseringen, teknikens framväxt och den ökande efterfrågan på pro bono-tjänster och socialt ansvar. Genom att anamma innovation, mångfald och ett engagemang för service kan advokater navigera i advokatbranschens komplexitet, göra meningsfulla bidrag till sina klienter, samhällen och samhället och upprätthålla principerna om rättvisa, rättvisa och rättsstatsprincipen.

När det juridiska landskapet fortsätter att utvecklas och anpassa sig till förändrade sociala, ekonomiska och tekniska trender, måste advokater förbli smidiga, anpassningsbara och engagerade i livslångt lärande och professionell utveckling. Genom att hålla sig informerade, engagerade och proaktiva i sitt förhållningssätt till juridisk praxis kan advokater positionera sig för framgång och förverkligande inom det dynamiska och givande juridikområdet.

I slutändan erbjuder juristbranschen oändliga möjligheter till tillväxt, inflytande och service, och det är upp till varje enskild advokat att kartlägga sin egen väg, fullfölja sina passioner och göra skillnad i världen genom sitt arbete. Oavsett om de förespråkar rättvisa i rättssalen, ger råd till klienter i komplexa juridiska frågor eller bidrar till det bättre genom pro bono service och arbete av allmänt intresse, har advokater makten att forma framtiden för lag och samhälle till det bättre.

www.ingramcontent.com/pod-product-compliance
Lightning Source LLC
Chambersburg PA
CBHW070115230526
45472CB00004B/1270